L.トープ／S.セージ 著
伊藤通子／定村　誠／吉田新一郎 訳

PBL Problem-based Learning
学びの可能性をひらく授業づくり

日常生活の問題から確かな学力を育成する

北大路書房

PROBLEMS AS POSSIBILITIES:
Problem-Based Learning for K-16 Education (2nd ed.)
by Linda Torp and Sara Sage

訳者まえがき

日々の暮らしの中で，どうしても乗り越えたい山が立ちはだかることがある。どうしてもその先に進みたいために解決しなければならない問題にぶつかることがある。問題にぶつかったとき，もっと知っていれば，もっと知恵があれば，もっと協力し合えればうまくできたのに……とくやしい思いをすることもある。

一方で，何かに無我夢中で取り組んだあと，ふと振り返ったら山を乗り越えており自分の成長を感じた，という経験もまた，誰もがもっているのではないだろうか。

PBLでは学習者はまさしくそのような体験をする。PBLによる学びがもたらすものは机の上でするような勉強の成果というより，「自ら学び続ける力」であり，「人としての成長」である。

PBLは，学習者が「現実的な状況の中」に立って「現実の問題」を知り，考え，行動する，という一連の過程で学ぶ学習である。指導者は授業などの枠組みの中でPBLをデザインし，学習者の認知プロセスに伴走するように支援する。PBLを体験する中で学習者は，問題にぶつかったらどう取り組めばいいのかという自分なりの方法を見つけ，新しい知識やスキルを身につけ仲間をつくる。そして，終えたとき，自身の成長を感じて意欲と自信を得る。さらには，次に挑戦したいことを自ら見つけ出して，目を輝かせて私たちのもとを去っていくのである。

本当にそんなことが，授業として可能なのだろうか。PBLのような授業をやってみたいとは思っても，時間的な制約があり，学ばせなくてはならない内容に縛られ，なかなか授業に興味関心をもってくれない学習者たちを前にして，途方に暮れている指導者が多いのではないだろうか。

従来の知識偏重型教育を見直そうと多様な学び方や教え方に追い風が吹いている今，一歩踏み出してみてはいかがだろう。あなたがやってみよう，と思うならば，この本にはヒントがいっぱいだ。具体的な事例や体験談はイメージがわいて勇気をくれるし，理論や歴史が必要に応じて説明されているため，教育学を体系的に学んだことがない人にも助けになる。そして，具体的な実践方法はもちろん，カリキュラムの設計から評価，周りの理解を得る方法までをガイドしてくれる。

私は1980年代に参加体験型の学び方に関する優れた欧米の訳書に出合い，自分の中に学び方・教え方革命が起こった。それまで私にとっては一人で取り組む辛い暗記作業だった「勉強」が，楽しくてもっと知りたいという気持ちが高まる「学び合い」に変わった。1990年代にPBLを授業に取り入れることを上司から提案され，医学教育の訳書や工学教育の成功事例報告をたよりに見よう見まねで始めてはみたが，すぐに壁にぶつかってしまった。確かに学生は元気で楽しそうに取り組むが，深い理解に至らせることの難しさに気づき立ち止まってしまったのだ。うまくいかず試行錯誤に悩む中で，訳者の一人である吉田新一郎氏に紹介されたのがこの本だった。原書を無我夢中で読み，もっと理解したくなって教育学を勉強し，一緒に取り組んでくれる教員の仲間をつくった。もう一人の訳者，定村誠氏とは７年間にわたりさまざまな授業や研修会を一緒にデザインし実践した。著者の意図を推察しながらどう訳すべきかよく議論して，実践する教員仲間たちの理解を助けていただいた。PBLを成功させるためには，「学びの主人公である学生の可能性をとことん信じること」「わかるとはどういうことかを理解すること」「授業やカリキュラムのデザインのスキルをもつこと」「多様な利害関係者が授業に参画してくれるようコーディネートして学びの環境づくりをすること」が，重要であることがわかってきた。

私が学生たちを前にして，どう働きかければ彼らの学びが豊かで確かなものになるのだろうかと考え始めたとき，まさしく，私自身のPBLが始まったのだと思う。あなたもこの本をガイドに，あなたの問題に取り組んでみてほしい。あなた自身の問題解決に取り組むそのプロセスこそが，PBLを知り理解する一番の近道だといえる。PBLをPBLで学んでいただきたい。

現代社会の教育の世界的な潮流として「新しい能力」という概念がある。「新しい能力」は，高度情報化やグローバル化の急激な進展により社会構造や産業構造が流動化する現代を生きるために，知識偏重ではない汎用的な能力が必要だという考え方がそのベースにあり，OECDの「PISAリテラシー」やATC21sによる「21世紀型スキル」などがある。本書第３章42ページにライゲルースの言葉があるが，約30年も前に，まさにPBLはそれらをすべて満たす形の実践ということを意識して行われていたことがわかる。

また，「持続可能な開発のための教育（Education for Sustainable Development：以下，ESD）」，持続可能な未来をつくる教育も重要視されている。ESDとは，環境，貧困，人権，平和，開発などの現代社会の課題を自らの問題としてとらえ，身近なところから取り組むことにより，それらの課題の解決につながる新たな価値観や行動を生み出すこと，そしてそれによって持続可能な社会を創造していくことを目指す学習や活動である。本書第５章62ページに具体的に例示されている熱帯雨林をテーマとして学ばせるPBLの特徴はまさにESDが大切にする学び方である。

本書を知った時点ですでに発刊から数年経っており，実践を重ねて内容の理解に至るまでさらに10年以上が経ってしまい，このたびようやく訳書を世に出すに至ったが，その内容が今の教育の潮流に対してまったく古くなく，むしろ未だ日本ではPBLが足踏み状態であることがもどかしい。

PBLは目的や対象に応じて，その基本原理に多様な学習活動を組み込むことで力強い学びへのアプローチとなる。PBLの「現実の問題」は，学習者を熱中させ深い理解へと導く推進力となる。「チーム」は新しい知の創造が起こる可能性を，そして「プロジェクト」は社会変革への潜在力を秘めている。

PBLはピアジェやデューイ，キルパトリックの教育思想や理論を実践する学び方として生まれた。そして，ヴィゴツキーの理論も包含し，さらに社会学の要素や文化などを融合させながら，それぞれの実践者がオリジナルのPBLを進化させている。シンガポールやデンマーク，フィンランドなどでは，すでにPBLをもとにした独自の教育がそれぞれの社会に影響を与えるまでになっている。

PBLの中で私たちは，学習者の心に灯を点け，学習者の学びのペースに伴走し，学習者が自力で歩き始めたら姿を消すコーチや監督のような役割だ。優秀なコーチや監督のもとで理論を学び苦しい実践練習を十分に積んだスポーツ選手が，自信をつけてワクワクと試合に向かうように，学習者たちが意気揚々と社会へ巣立っていくことが，PBLの最終ゴールである。

この本の出版にあたって，原書の紹介から実践の支援まで10年にも及ぶ間，理解を助けていただいた吉田新一郎さん，正しく日本語に置き換えたうえでさらに読者にわかりやすいようにと細部に至るまで表現を工夫してくださった定村誠さん，そして，遅々として進まない私のペースに根気よくお付き合いいただき本書を世に出してくださった北大路書房の薄木敏之さん，心より感謝申し上げます。

2017年８月

訳者を代表して

伊藤　通子

原著者まえがき

部分を組み合わせても全体をつくり上げることはできない。全体はそもそも一体のものである。

S.ブランド★22*

宇宙はどうやってできてきたのでしょうか？
人は何のために生きているのでしょうか？
人はどのように学び，成長するのでしょうか？

どのような問題においても言えることですが，部分的な理解をつなぎ合わせても全体的な理解には及ばず，全体こそが豊かな学び**をもたらしてくれることを，教育に携わる者はよく知っています。教育は，さまざまな年齢の学習者***に対して，日常生活からグローバルな事柄までさまざまなレベルで，複雑な課題に一人の人間として立ち向かうことができるようになることを期待して行われています。そのために教育者は，教育の場をできるだけ包括的でつながりのある体験の場にしようと取り組んでいます。それは，異なる意見に耳を傾けたり，新たな状況に柔軟に対応したりすることの大切さに学習者が自ら気づく場であり，自然や人間社会との直接的な関わりも求められる場なのです。

私たちの人生は，学びを与えてくれるさまざまな問題と出合い，それに取り組み，解決しながら歩む旅のようなものです。よく学べたと思えるあなたの体験には，どのようなものがありますか？　周囲の人にも尋ねてみてください。学校の授業，と答える人はほとんどいないでしょう。むしろ，たとえば親の死

---

*Whole Earth Catalog（全地球カタログ）：http://www.wholeearth.com/
**学び：机の上で教科書を開くような学習を思い浮かべるかもしれないが，本書では広く人間としての成長を意味する。
***学習者：本書は，書名にもあるとおり幼稚園から大学までのPBLについて述べており，幼稚園児から小学生，中学生，高校生，大学生（あるいは研修対象としての大人）までを対象としている。これらの対象を総称として学習者と表記する。読者の立場に合わせて適切な語に読み替えていただきたい（場面がはっきりしている場合は，児童，生徒，学生なども用いている）。

に際して突然現れた困難のような現実の問題に直面して，それにがむしゃらに取り組んだことを話してくれることでしょう。親が亡くなったときに，何をしなければならないのか，何を知っておかないといけないのか，周囲のさまざまな意見にどう対応すればよいのか，財産や負債がどれだけあるのか，法律で決められた手続きにはどのようなものがあるのか，などの課題を解決するには，十分な考察とバランスのとれた対応が必要です。

このような複雑で構造が不明確な問題は，私たちをとらえて深く考えさせてくれます。その中で私たちは次第に調べるべきことや考えるべきことを明らかにし，問題の理解を深め，その解決に到達します。こうした複雑な問題は，私たちに包括的な学びの体験を提供してくれます。つまり，このような問題を解決する過程には，学ぶ価値のある知識が豊富にあり，問題解決に必要なスキルを自然に身につける機会がたくさんあるのです。また，利害関係の存在や得られる情報の不完全さに気づき，それを理解したうえでしっかりとした判断基準をつくり，その基準に基づいて解決策をつくり上げていく過程で，クリティカルで創造的な思考（p.50の訳注を参照）方法も身につけることができます。まさにこれが「現実的な問題に基づく学習」（Problem-based Learning：以下，PBL）―学習者を複雑な問題をはらんだ状況におき，問題を明確化させ，調査や解決に取り組ませることをとおして学びを加速的に展開させる学習方法―なのです。

イリノイ数理アカデミー（Illinois Mathematics and Science Academy：以下，IMSA）にあるPBLセンターでは，1992年からPBLについて研究し，PBLの普及に力を注いできました。その研究をとおして，小学校，中学校，高等学校のそれぞれの現場でPBLがどのように実践されているのかが明らかになってきました。PBLセンターは，他の学習方法とは一線を画すPBLの特徴を明らかにし，その教育効果を調査して，研究成果を広くアメリカ国内の教育関係者と共有してきました。

私たちは本書を，IMSAにおける研究活動の自然な延長として書こうと考えました。しかし，PBLをよく理解したうえで教育現場で活用してもらうためには，PBLのダイナミックな概念をどのように表現するのがよいでしょうか？さまざまな授業を担当する読者のニーズを満たすには，どのように説明するのがよいでしょうか？

この問題について考えていたとき，以前から一緒に活動している教育関係者から投げかけられたいくつもの問いかけを思い出しました。彼らの関心とニーズは表裏一体でした。教室での実践事例に強い関心をもつ人たちからは,「どうして生徒たちは問題に興味をもって取り組めるのですか？　何が起こったのですか？」と問いかけられました。PBLそのものについて知りたがった人たちからは,「PBLはどのように始まったのですか？　実際の教育現場でのこれまでの教え方や学び方との関係はどうなっているのですか？」と問いかけられました。そして，ほとんどの人たちはPBLの授業を自分自身で設計できるようになりたいと考え,「PBLを導入できるようにカリキュラムをつくり直すには，何から始めたらいいのですか？　PBLの授業では，生徒たちをどのように指導すればいいのですか？」と問いかけてきました。地域，州，国が定めるそれぞれの「スタンダード*」は，これらの課題をさらに複雑にしていて,「PBLが目指す学びやPBLによって学習者が得る学びを，従来の学び方と比較して正当に評価するにはどうしたらいいのでしょうか？」という疑問も生じるのです。私たちは，本書をとおしてPBLを理解してもらうためには，これらの問いかけにひとつひとつ丁寧に答えることが重要である，と判断しました。

このように，私たちはさまざまな観点からPBLを理解できるように本書を構成しました。きっと読者の皆さんの授業改善に役立つと確信しています。

PBLが実際の授業でどのように展開されているのかを知りたい読者には，第1章の教師や学習者からの実践報告が役立つでしょう。小学校から大学まで，それぞれの学校の特徴がよく表れた実践報告を読めば，PBLのもつ可能性を知ることができます。第1版では小学校，中学校，高等学校の事例を紹介しましたが，本書（第2版）では大学の事例も収録しました（本書のタイトル『Problems as Possibilities: Problem-Based Learning for K-16 Education (2nd edition)』にも示したとおり，PBLは幼稚園から16年生すなわち大学卒業レベルまで用いることができます）。

この教育方法の背景にある理論についてもっと知りたい読者のために，第2

*スタンダード：日本では，学習指導要領は国が定める教育課程（の基準）であり，幼稚園から高等学校（幼稚園では教育要領）まで，教育課程の編成や実施に際して実質的に拘束力をもつ。一方，アメリカでは，合衆国政府が教育課程に関する全国統一基準を策定することはなく，学習内容の策定は州政府の専任事項となっている。各州では，民間教育団体などが作成したスタンダードとよばれる習得目標を用いることが多く，それらは学区や学校でそれぞれの実態に応じて柔軟に用いられているが，本書執筆後の2009年ごろからは，州主導で英語と算数・数学について各州共通基礎スタンダード（Common Core State Standards）を策定する動きもある。以下本書では，アメリカで用いられている習得目標を「スタンダード」と表記する。

章ではPBLの概略を示し，第３章にはPBLの基礎となる教育理論を示しました。これらの二つの章は，PBLとは何なのか，PBLはどのように始まったのか，について知りたい読者にその答えを提供することになるでしょう。

PBLの授業を設計し，実践してみようという気持ちにすでになっている読者に対しては，第４章，第５章，第６章で，自分のアイディアをもとにPBLの授業をつくり上げる方法を示しました。またこれらの章では，PBLを導入するためのカリキュラムを開発したり，PBLの授業における学習者との関わり方を考えたりするための具体的な情報も示しました。

第７章では，スタンダードに基づいた評価方法の基礎を示し，PBL進行中の評価と，PBL全体をとおした評価について理解を深めます。それは，音楽活動やスポーツ競技の評価方法と同様の，学習者が自分の学びに責任をもち，学びの深まりを何らかの形で表現するという方法です。私たちはみな，いつかはきちんとした衣装を身につけて本番の舞台に立つことになります。彼らが自分にふさわしい学び方を身につけることは学校でしかできません。卒業したりドロップアウトしたりして学校を去ったあとでは遅すぎるのです。

新しいことを理解するときに多くのQ＆Aがあると理解が進むタイプの読者には，第８章で，学習者の学びを向上させる画期的な方法であるPBLの基礎を固め，実践への扉を開いてもらえるよう，さまざまな疑問に対する回答を用意しています。

以上のように，本書では多様な読者の多様なニーズにこたえるため，さまざまな読み方ができるよう工夫しました。

- ▶実際の授業の中で，PBLがどのように実践されているのか，に関心がある場合は，第１章から読み始めるとよいでしょう。
- ▶PBLの原点や基礎を知りたい場合は，第２章，第３章，または，第８章から読み始めることをおすすめします。
- ▶やる気満々で今すぐにでもPBLに取り組んでみたい場合は，第４章，第５章，第６章，または，第７章から読み始めるとよいでしょう。

本書はどこから読み始めてもよいのですが，PBLのすべての側面を知っていただくために，最終的には全体を読み通すことをおすすめします（図Ⅰ.１）。

▼図 I.1　本書の概要

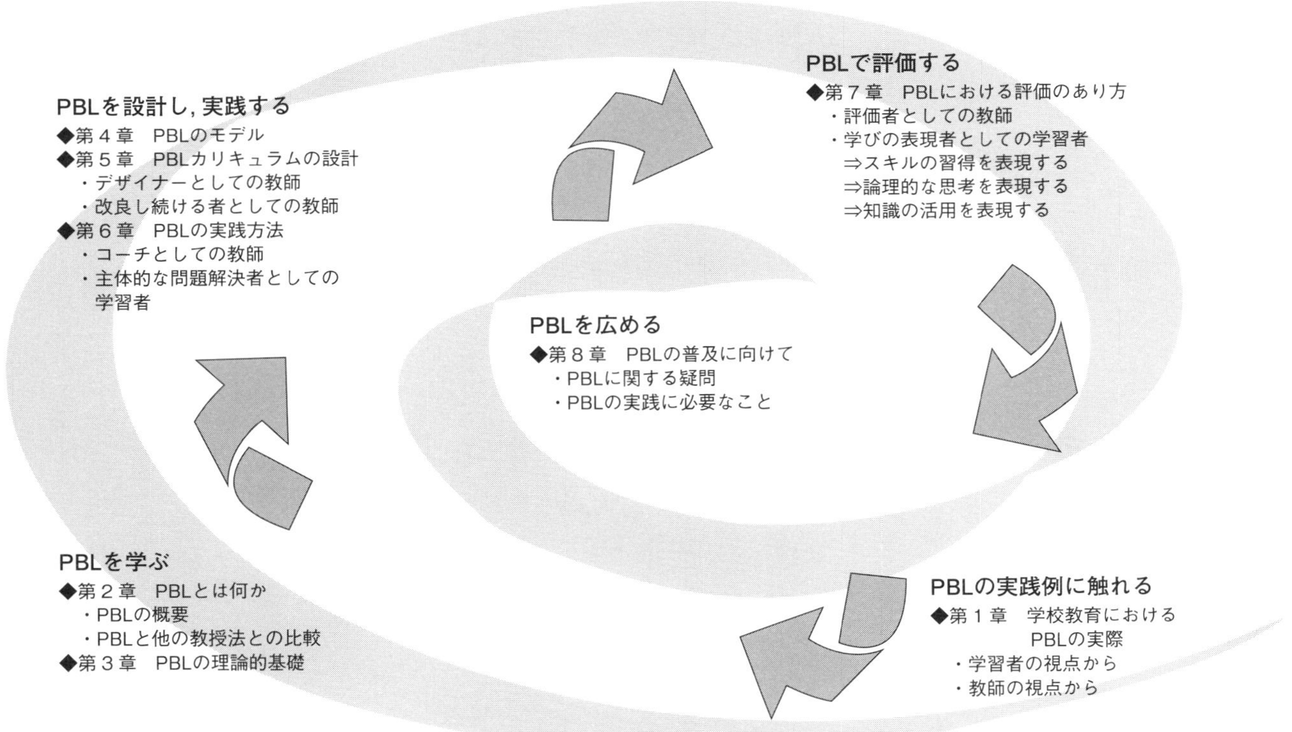

PBLを設計し，実践する

◆第４章　PBLのモデル
◆第５章　PBLカリキュラムの設計
・デザイナーとしての教師
・改良し続ける者としての教師
◆第６章　PBLの実践方法
・コーチとしての教師
・主体的な問題解決者としての学習者

PBLで評価する

◆第７章　PBLにおける評価のあり方
・評価者としての教師
・学びの表現者としての学習者
⇒スキルの習得を表現する
⇒論理的な思考を表現する
⇒知識の活用を表現する

PBLを広める

◆第８章　PBLの普及に向けて
・PBLに関する疑問
・PBLの実践に必要なこと

PBLの実践例に触れる

◆第１章　学校教育における PBLの実際
・学習者の視点から
・教師の視点から

PBLを学ぶ

◆第２章　PBLとは何か
・PBLの概要
・PBLと他の教授法との比較
◆第３章　PBLの理論的基礎

Torp & Sage (1998), p.4. より

目　次

第1章

学校教育におけるPBLの実際

教育に携わるということは，生きるということの意味と，一人ひとりの人生の意味の追求に真剣に取り組むことである。つまり，教育に携わる人とは，自分自身を含めさまざまな人の人生の物語を語り，書き，読み，聞くことをとおして，文化の壁を乗り越え，さらには，自分の力を知り，他の人の言動にも一貫性があることに気づき，一人ひとりの歴史を理解し，未来の可能性に思いをはせることができる人のことである。

ウィザレル＆ノディングス★139

私たちは，国内の多くの教育者とともに研究を進める中で，体験談のもつ力を高く評価するようになりました。教師がPBLをとおして学習者に提供する体験をどのように構成すればよいのか，そしてその体験に彼らがどのように反応するか，について具体的に語り合うことが，お互いの理解を深めるのです。PBLについてよく考え，熱心に実践している教師たちとの共同研究をとおして，私たちは彼らから実に多くのことを学んできました。まずは，彼らの言葉，彼らの物語から始めましょう。

1. 小学校での実践例

これは，イリノイ州アーリントンハイツにあるウェストゲート小学校における貴重な体験談です。この小学校は，子どもたちに最も適したPBLについて研究し，校長をはじめとする教師，児童，保護者など学校関係者が一体となってPBLを支持するところまでPBLをつくり上げて，何年にもわたってPBLの手法を用いています。

あるPBLの授業では，１年生から５年生までの児童が，前校長が自宅の花壇の花が元気よく咲いてくれないので困っている，という問題に取り組みました。子どもたちは，花壇の土や植物のサンプルをとり，植物を元気に育てる方法を本から学んだり，インターネットで調べたり，専門家に問い合わせたりしながら，いろいろと条件を変えて植物の育ち方の違いを調べる実験を行ったりしました。

その中で何人かの児童が，聞きたいことを大人に質問しても答えてもらえない，という困難に直面しました。４年生のマイケルは，植物への水やりの仕方について教えてもらおうと地元の種苗店に電話をしましたが，「水をやりすぎないように」とだけ言われて，電話は切られてしまいました。

子どもたちはこのことについて話し合いました。アンディは，「マイケルはもう一度電話をして，『どれだけだとやりすぎになるのですか？』と尋ねるか，または，『ちょっと待ってください』などと言って少し待ってもらうようにすればよかったと思います」と提案しました。このような活動をとおして，このグループの子どもたちは次第に，質問した相手から満足のいく答えを手に入れることができるようになっていきました。そして子どもたちは，がまんすることや，大人にもいろいろな人がいるということについても，彼らなりに学びとったのです。

ウェストゲート小学校では，教師は子どもたちがよく学んでいることを喜び，子どもたちは学ぶことに夢中になりました。彼らのコメントを以下に紹介しましょう（注：子どもの名前はすべて仮名）。

子どもたちは，わけもわからず実験を始めるようなことはせず，事前に実験のやり方や考え方について理解を深めていました。具体的には，実験について本を何度も読み返したり，その実験が役立つのかどうかについて予想したりして，実験のやり方を決めていました。子どもたちの活動は私の期待をはるかに超えていました。

ザカリアン先生
（1・2学年担当）

子どもたちが植物について実に多くの知識を身につけたこと，そして，もし自分の花壇が持てるとしたら，真剣に手引き書を読むことや日光や水などの条件を知ることがどれだけ大切かを理解したことが，彼らの様子から見て取れました。子どもたちに学びとってほしいと事前に思っていたことは，子どもたち自身ですべて学びとっていました。子どもたちが植物について十分に理解を深めるのに，教科書を使う必要はありませんでした。私の役割は子どもたちが考え続けるよう背中を押し続けることだ，とわかりました。たとえば，子どもたちがある答えにたどり着いたとしても，そこで立ち止まらせないようにしました。まだ他にいくつもの答えがありそうだったからです。

ラビン先生
（3・4学年担当）

日光と水は一緒に植物に働きかけます。雨が降りそうかどうかを知らなければならないし，日光がうまく当たるかどうか，適当な日陰になるかどうかを考えて花を植える場所を決めなければなりません。日光はそんなにいらないけれど，水はたっぷり必要な植物もあるなんて，とっても不思議だと思いました。

リチャード
（4年生）

また，児童と教師のどちらも，問題が本物であることを楽しんでいたのです。彼らのコメントを以下に示しましょう。

PBLはやりがいがあって楽しく，新しいことが学べるので大好き。問題を解決していくときに違った答えに向かっていってもいいから，同じ問題でもみんな少しずつ結果が違っているんだよ。

カル
（4年生）

子どもたちの中には，授業で基礎的なスキルを学んでいるときに，「なんでこんなこと勉強しなくちゃならないの？」「こんなこと，いつになったらほんとに必要になるの？」という質問をする子がいます。PBLでは，実生活に密着した具体的な問題を子どもたちに提示します。ですから，基礎的なスキルを教えるときにも，子どもたちはそれを勉強する理由を受け入れてくれるのです。

ザカリアン先生
（1・2学年担当）

ザカリアン先生のクラスのルースは，「植物の問題について考えるのがとても楽しかったよ。だって，前の校長先生が実際に困っていた本物の問題の解決に協力できたんだから」と話してくれました。ルースの母は，そのときの娘の興奮を次のように話してくれました。

ルースは植物の問題についてたくさん話してくれました。そして私たちはたくさん議論をしました。情報を集めるために話を聞きに行ったときの話や，自分で電話をかけたときの話を印象深く覚えています。土壌の分析までしてもらっていました。この問題について本当によく考えたのだと思います。また，大人でさえ興味がわくような情報を見つけ出すことができて，大人からそれをほめられたりして，わくわくしているのが表情から見てとれました。この経験は娘に自信を与えてくれました。PBLの学び方は，現実の問題に取り組む機会を与えることで子どもたちをエンパワーして，身のまわりの現実のできごとに積極的に関わることができることを子どもに教えてくれるやり方なのだと思いました。

ルースの母

子どもたちとの面接をとおしてわかったことは，PBLによる体験の中で，新たなスキルを使ったことを自覚している，ということです。たとえば，植物の問題に関する情報のありかをつきとめたり，理解を深めたりするために，彼らがどのように協力したかを次のように語ってくれました。

いろいろなことが書いてある図を使うときは，蛍光ペンを使うんだよ。必要なところに蛍光ペンで印をつけておくと，何度も読む必要がなくなるから。だって，どこを見たらいいかが印ですぐわかるでしょ。

ジェニファー
（1年生）

私のグループの何人かは，図を見てもあまり情報を見つけることができなかったんです。そこで私は，何かを読んだり見つけたりしたときは，これで意味が通るのかな？，これは大切なことなのかな？　などと考えるようにしました。そうすると，あることに対しては大切なことが他のことに対しては大切でない，というような…，ちょうど，種についてこの本を読んでわかったことと同じようにね。私はこの本を読んで，動物が植物の種をばらまくのを助けることがわかったんです。これはとても大切なことだよね。その本の写真にはサクランボを食べている鳥が写っていたんだけど，校長先生の庭にはこの木の仲間はなかったんです。でも，そのときはこの写真が大切なのかどうか，よくわかりませんでした。

子どもたちは，植物を上手に育てる方法を説明する，という内容の事前テストと事後テストを受けました。３年生のアンドリアは，事前テストでは四つの絵を描きましたが，その絵には，種，日光，雨以外に読み取れる情報がほとんどありませんでした。しかし，植物の問題に取り組んで７か月経った５月に行われた事後テストでは，アンドリアは植物が元気に育つために必要な要素を10個含んだ説明文を書くことができたのです。その10個とは，土，種，水，肥料，日光，雨，二酸化炭素，呼吸，葉緑素，生長するための空間で，これらを正しく綴ることもできました。実は，アンドリアは特別支援学級の子どもなのです。

ウェストゲート小学校の教師の多くは，子どもたちの様子を見ればその子がPBLを経験しているかどうかを見分けることができる，と報告しています。PBLの経験のある子どもたちは，ランチルームやグラウンドでのけんかをおさめるのが他の子どもたちより上手です。また，教室での学習の際にも，他の児童とは違ったアプローチをとります。具体的に言うと，質問をたくさんするし，課題が完全に理解できて満足できるまで課題に取り組むことをやめません。さらには，自分で自分に宿題まで出すのです。ウェストゲート小学校のPBLの経験が豊かなオートランド先生は，「今や多くの児童にとって，PBLは，ただ単にやりがいがあるのでやりたい，というレベルのものではなく，彼らが真に必要としているものなのです」と述べています。

2. 中学校での実践例

中学校での実践では，生徒にとって魅力のある本物の問題を見つけるという点がきわめて重要です。そしてその問題の中に，生徒を引きつけるための役割と状況を用意するのです。この年ごろの子どもは基本的に，学問的なこと以外は何にでも興味をもちます。中学校を研究対象とする教育研究者は，中学校のカリキュラムと生徒たちの興味関心との間の関連性が大切であると強調しています[★16]。以前中学校でチームを組んでPBLに取り組んでいたクリノック先生とロブ先生は，PBLを使うことで生徒たちの関心が高まることに気づきました。

中学２年の生徒たちに，これから自分たちがつくり上げる解決策を実際に実施する権限を伴うような役割を与えると，彼らは本当に興味をもって取り組んでくれます。私たちはPBLで二つの問題に取り組みました。その中で私たちは子どもたちに，教育委員会の委員や教育長，あるいは校長に対して，委員会の教育方針について勧告できる権限を与えました。すると彼らは学習のあと，「私たちはきちんと意味のあることが言えました。私たちには伝えたいことがあり，それを大人が聞いてくれたんです。私たちは学校のためにいろいろなことを成し遂げることができました。しかもそれは私たちに直接関係のあることなのです」という言葉を残してくれました。

クリノック先生
（理科担当）

セージら[★111]はその論文の中で，クリノック先生とロブ先生が行った学校敷地内にあるプレーリー草原の復元に関するPBLの授業について，詳細に記しています。このPBLについて生徒たちは以下のように述べています。

これは単に学校のための活動ではありませんでした。学校という枠を越えた，町全体のための活動でした。

シェリー
（２年生）

私は，ただ教室へ行って物語を読んで文法を覚えるといういつもの英語の授業よりも，この授業のほうが好きです。

マイク
（２年生）

PBLがだんだんおもしろくなってきました。私たちは，今ちょうど解決策をつくり始めたところなんですが，教室で座って誰かの話を聞いているよりもずっといいです。

もう一つのPBLでは，生徒たちは，シカゴと北西インディアナとの間を結ぶ大量輸送システムを設計するよう求められました。ルートはミシガン湖の上空を通るものでもよいし，水中あるいは地下を通るものでもよいのです。距離は57マイル（92km）あります[★79]。このような決まった答えのない問題を扱うことで，生徒の興味をそそりながら，カリキュラムに沿って教えることができるのです。この二人の教師[★78]は学級内で調査を行い，「攻撃的な行動をもたらす遺伝的原因」に関する問題を扱うPBLで学んだ生徒が，遺伝学の単元を従来の授業形態で学んだ生徒と比べて，同じくらいかあるいはより多く遺伝に関する内容を学ぶことができた，と報告しています。クリノック先生は，PBLのほうが，今までに実践したどの教え方よりも生徒がよりよく「現実的な科学」を学ぶことができる，と語っています。

また，PBLを用いることで，生徒たちは自分に合った学習スタイルで学ぶことができるようになります。さらに，他の方法では倫理的な知識やスキルを身につけることはできません。クリノック先生は，HIV/AIDSを取り扱ったPBLの授業の終盤で，生徒たちがこの病気にまつわる恐怖心を和らげるよう周囲の人々に正しい情報を伝えなければならないという強い責任感をもつようになったことを報告しています。彼女は，HIV陽性の生徒がどんな気持ちになるのかについて考える活動で，生徒たちの成長ぶりと感情移入の様子，さらに，他の生徒に対してHIV/AIDSについて積極的に啓発していきたいという意気込みを示したことに驚き，そして感動しました。

たとえ100の短編小説を読み，100万のAIDSパンフレットを暗記したとしても，この問題に取り組んだ短い時間で多くの価値ある事柄を学んだほどには，学べないと思います。

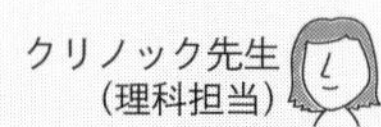

イリノイ州バーリッジにあるバーリッジ中学校で特別支援学級を担当するニコルソン先生は，多様な生徒たちを相手にする際にPBLが効果的であることを見いだしました。ニコルソン先生は他の教師と協力していくつかのPBLを実践

しています。その中には，地域で増えすぎたシカについての問題や，HIV陽性の中学生についての問題などがあります。ニコルソン先生は，「PBLの授業の中で提示される実生活に関係する問題によって，すべての生徒がよく学べるのはもちろんですが，特別支援学級の生徒たちには特にこの方法が適しています。なぜなら，彼らは学ぶ理由がわからないと学ぶ意欲を失うことが多く，学習に大きな困難を感じるからなのです」と語っています。また，PBLを用いることで，生徒たちは自分に合った学習スタイルで学ぶことができるようになります。さらに，評価の段階では，生徒たちは，口頭発表やディベート，ポスター発表など，これも自分に合った方法で，身につけた知識を表現することができるのです。

3. 高等学校での実践例

『アラバマ物語』*を学ぶ準備として以下のような問題を設定するとしたら，あなたはどう思いますか。

生徒には，『アラバマ物語』の時代における家族のあり方を調査することを目的としたアラバマ歴史研究会のメンバーという役割が与えられます。この小説の時代に，この家族にどのようなことが起きていたのでしょうか？　歴史研究会が見いだす情報はどの程度信頼できるのでしょうか？　家族について論争を招きそうな情報が出てきたら，それを知るべきなのは誰なのでしょうか？　それとも，知らせないほうがいいのでしょうか？

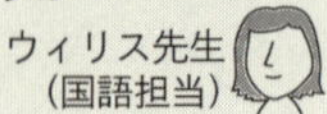

ウィリス先生は，PBLを使ったやり方でも，今までのやり方で扱ったときと同じくらい生徒たちがこの物語を楽しんでくれたと感じ，さらに，PBLを使うことでこのアメリカ文学の単元自体がよりよいものになったことを，次のように報告しています。

***アラバマ物語**：大恐慌真っ只中の1932年，アメリカ南部の町モンローヴィルに住む２児の父親で正義感の強い弁護士アティカス・フィンチは身に覚えのない暴行事件で起訴された黒人トムの弁護を引き受ける。しかし，トムの有罪を信じ，黒人に対して偏見を持つ街の人々はトムを弁護するフィンチに冷たくあたる。彼の子どもたちは，冷たい態度や脅しに動じないフィンチの勇気ある行動を目の当たりにしながら大きく成長してゆく。閉鎖的な南部を舞台に，人種差別問題，父親の苦難，町の人々との交流を子どもたちの目を通して描いたハーパー・リーのベストセラー小説。（出典：http://www.geocities.co.jp/Hollywood/5710/kill-mockingbird.html）

　生徒たちは内容に深く入り込んで授業に取り組んでおり，彼らにとってはこのやり方が今までのやり方よりも適切だったと思います。特に，1930年代の歴史の専門家である社会科の先生を招いての話し合いの場面がそうでした。生徒たちの心を本当につかんだのは，その先生が生徒たちにした一つの実話でした。それは，生徒たちが調査の対象としていたまさにその人物がその先生の祖父にリンチを加えていた，というものでした。それ以来，この問題はさらに倫理的なものになりました。生徒たちははじめに与えられた問題の文章に立ち返り，「こんなことをしていてはいけない」と決心し，それまでの「それじゃあ，まずこれから始めて，それから調査を全部すませて，全部を図にまとめればすむね」といった軽い調子が，問題の倫理的な側面に気づいたときにすっかり吹き飛んでしまったようなのです。

ウィリス先生
（国語担当）

　PBLの問題は，複数の教科を統合する形にデザインすることもできます。生徒たちが今まで以上の能力を発揮するという点について，以下のような体験談を述べる教師もいます。

　これっぽっちも期待していなかった変化が実際に起こるのです。シカゴ・トリビューン紙から電話インタビューを受けた女子生徒クリッシーの話です。彼女は，「自分がこんなにできるとは思わなかったわ。それに，自分がこんなに物事を考える人だとも思わなかった。今までは，人の前に立って話をすることもできなかったの」と話してくれました。私は，生徒たちの考えの深さに触れたり，高いレベルの感想を聞いたりするのが楽しみになりました。また，成果発表会に聴衆として参加する先生方の変容を見るのも楽しみです。管理職は生徒たちを今までとは違った見方で見るようになります。また，他の教師たちも「そうだ，彼らはできるんだ」と言い始めます。私はいつも子どもたちの可能性を信じています。でも，それを実際に目にすると，やはりあらためて感動するのです。

リュング先生
（国語担当）

　以下の例に示すように，実生活での問題をPBLの問題として扱うこともできます。

▶ 元社会科教師のホリスター先生は，IMSAの最高学年のクラスで，「科学・社会と未来」というPBLコースを他の教師と一緒に担当したことがあります。ある年，ホリスター先生はアメリカの学校のランチルームから出るゴミに問題を設定し，この授業を開始しました。問題が生徒たちに提示され，生徒たちがランチルームのゴミ問題は真の問題のただの入口でしかないと気づいてからは，タマネギの皮を１枚ずつむくように問題の核心に迫り始めたのです。彼らは，PBLに取り組む中で議会の調査報告書を資料として用いていましたが，その中にある欠陥だらけの方法論や強い政治的な思惑こそが真の問題であるととらえたのです。

▶ 理科（物理）担当のワークマン先生もIMSAで数年間PBLに関わってきました。彼は，総合理科コースのPBLの授業で，学校の近くに調整池を設計するという問題を設定しました。前年にその地域でひどい洪水が発生したからです。このコースで生徒たちは，「問題のプラットフォーム」について調べました。プラットフォームとは，たとえば池の生態や火星での居住といった問題を扱う際の，問題の背景にある物理学的，生物学的状況のことです。このような問題提示の方法は，いろいろなタイプのPBLの授業に応用でき，生徒たちの積極的な参加を促すことができます。

▶ IMSAで理科（生物）を担当するトンプソン先生は，PBLを用いていくつかの理科の授業を行っています。生態学での捕食者の単元では，自然の生態系の中にオオカミを再導入するという問題を中心に据えました。彼は，現代社会の抱える課題をPBLの授業に反映させるために，核となる問題を毎年更新しました。

▶ 理科（化学）講師のドッズ先生は，実際に起こりうるような問題をはらんだ台本を使って，生化学のコースを設計しました。その台本の中で，生徒たちは循環器科医の役割が与えられ，テレビ番組のマーフィー・ブラウン*に登場するキャラクター，マイルス・シルバーバーグが訴える胸の痛みの原因を調べて診断しました。そして生徒たちは探究をとおして，アイソザイム（イソ酵素）について学習しました。

***マーフィー・ブラウン**：「TVキャスター，マーフィー・ブラウン」は，ＴＶニュース番組制作の舞台裏でスタッフと人気キャスター，マーフィー・ブラウンが織りなすシチュエーション・コメディ。都会的でテンポが速くウィットに富んだ会話は時事問題や社会情勢からマーフィーたちのプライベートまで幅広く話題を取り上げ，高感度のユーモアにあふれている。1998年から10年間にわたり放送された。（出典：「TVgroove」 http://www.tvgroove.com/mu/index.html）

PBLの授業を受けている高校生たちは，明らかに楽しくPBLに取り組んでいて，しかもPBLが社会に出るための準備にとても役に立つ，と考えているようです。

私は通信技術コースが好きです。この授業では，今まで習ったことのあるすべての教材を手に取って，実際に使うことができるからです。また，他の授業では何を学ぶべきかを教えてくれるけれども，この授業ではどうやって学ぶかを教えてくれます。私は，コンピュータサイエンスのコースに進級しても，この授業の教材を使うつもりです。ここでは，今取り組んでいる問題を解く方法がわかるようになるのです。

ドン
（リュング先生のクラスの生徒）

PBLは，今までの教育方法とはまったく違います。「さあ，今日はみんなでこの一覧表にある語句を覚えましょう」ではなく，「みなさん，こんなことが起こってしまいました。どうしてこんなことが起こったのでしょうか。さっそく調査を開始しましょう。そして，この問題が『なぜ』起こったのか，『どうやって』解決したらいいのか，考えてみましょう。何が見つかるかな？」と生徒たちに問いかけるのです。問題には正しい答えが一つだけある，ということは，ふつうはありません。答えが二つ以上ある場合もあれば，答えがない場合もあります。生徒たちはそこからまた新たな疑問をもって出発するのです。

シンディー
（トンプソン先生のクラスの生徒）

トンプソン先生の生態学の授業で学んだスキルは，大学での調査研究にも，私自身の研究キャリアをまとめるのにも大変役立っています。この一連の思考スキルによって，何も知らなかった状態から，具体的な問題解決に役立つような重要な知識を得ることができる状態になれるのです。この思考スキルは私たちに不可欠なものですが，現状ではほとんどの学校では身につけるのが難しい，と私は思います。

エリザベス
（IMSA卒業生，1993年度ウェスティングハウス科学能力調査コンテスト受賞者）

4. 大学での実践例

PBLは，大学の学部教育においても大学院の教育においても，現在急成長中の教育方法です。私たちの研究でも，大学の多くのコースや分野でPBLを用いることができることがわかっています。たとえばデラウェア大学とアラバマ州バーミングハムにあるサムフォード大学は，すべての分野，すべての学年でPBLを用いることを表明しています。

サムフォード大学の教員養成課程でのPBLを紹介しましょう。サムフォード大学のアトキンソン先生とラルズ先生は，近くにある中学校校長のブラウン先生と一緒に中学校教員養成コースを担当していますが，将来の中学校教師に対する授業を「ユニークな生徒たち」というPBLで開始します。この授業では，教員養成課程の学生が，中学校で典型的な25人学級を想定して個々の生徒のプロフィールをつくります★10。仮想ではあるけれども現実的な生徒のプロフィールを使うことで，学生たちは，「チームの目標と理念」(生徒と保護者に対する年間目標を作成し，理解を得る)，「一人ひとりをいかす指導*」(多様な生徒の個別のニーズをふまえながら教える)，あるいは「アクティブ・ラーニング」(メンターとなってもらえる経験豊富な担任がいる実際の中学校の学級で，アクティブ・ティーチングの手法を選び，それを用いて授業を行い，手法の評価を行う) というようなさまざまな具体的な取り組みを展開させていくのです。PBLは，学生だけでなく大学の教師にとっても有益です。教師のコメントをいくつか紹介します。

> 私はサムフォード大学のPBLの授業を実際に見て驚きました。学生たちが問題に真剣に取り組んでいました。自分の授業でも，学生たちの真剣な取り組みを促すための働きかけをしてはいたのですが，それをはるかに超えたすばらしいものでした。PBLは実にパワフルです。私が学生だった頃の先生はPBLのようなトレーニングを受けていなかったので，私はこのような学び方に出合えず，サムフォードの学生たちを少し羨ましく思いました。コースの終わりまでに，彼らは中学校の実情を学ぶことができました。コースの目標は，学生たちが中学校を正しく評価し，小学校や高等学校と

*参考図書『ようこそ，一人ひとりをいかす教室へ』(トムリンソン著，北大路書房，2017年)

の違いを理解することでした。そしてその目標は達成されました。彼らは頭と体でこれを学びとったのです。

ブラウン先生
（中学校校長）

私は，学生たちの抱いた疑問に対する答えをすべて知っている必要があるとは思いませんが，少なくとも同じ疑問に自分も，学生と同じように出合うことが重要だと感じています。

そして私は，まだ子どもがいない20歳のころだったら，私はどうするかな？　などと想像するようになりました。初めて教壇に立ったときのことを思い出したのです。この授業をとおして私は，何が問題なのかを十分に調べつくすまでは正しい答えが得られなくてもいいんだ，ということを学びました。

アトキンソン先生
（教育学担当非常勤講師）

PBLの授業で私が見た最もすばらしいものは，学生たちの関心の高さでした。彼らは問題に引きつけられ，目を輝かせていました。彼らは答えを求めていました。そして，知ろうとしていました。これは人生そのものです。PBLは彼らの関心を引き，やる気にさせていました。私は以前からこの授業を何度も見てきましたが，この興味関心の高さは他の授業では見ることができません。

ラルズ先生
（教育学担当教授）

サムフォード大学教育学助教のディーン先生は，教員養成課程の基礎コースを担当していますが，日ごろのニュースの中から最新の教育問題を取り上げてPBLの授業で扱う問題の種として使っています。具体的には，プロとしての教師のあり方，幼稚園から12年生（高校）までの教師の確保，教育バウチャー制度，学校の資金調達方法などがあります。学校の資金調達方法についてディーン先生[★41]は，そのころ話題となっていた「宝くじによる資金集めはやめよう。今すべきことは何？」という問題を使って，学生たちにアラバマ州の学校の資金調達状況について考えさせる授業を行いました。アラバマ州では州が宝くじを運営するという提案がちょうど否決されたときでした。学生たちは小さなグループに分かれ，意見を投稿してほしいという地方紙からの要請に応じる形で，学校の公正な資金獲得方法改善計画をつくり上げました。

また，同じくサムフォード大学のケラー先生は，PBLコースの一部をなす「科学的手法」の授業を担当しています。このコースは理系以外のすべての学生に必修となっています。この授業の中で学生たちは，低炭水化物ダイエットや遺伝子組換え食品，多様なワクチンの必要性，静脈注射をする人たちの間でのHIV/AIDS感染抑制策など，ホットな話題の背後にある科学を問題として扱います。ケラー先生はPBLを，学生が科学に対する新しいアプローチを学ぶ手段，ととらえているのです。

私がPBLを用いる最大の理由は，PBLが，事実と説明の羅列であった従来の科学の授業では教えられない，「科学はプロセスである」ということを学生にわかりやすく伝えられる新しい方法だからです。PBLは，科学に対する新しいとらえ方，そして科学の力と限界に対する新しい評価方法なのだと思います。

ケラー先生
（生物学担当准教授）

デラウェア大学のアレン先生，ディオン先生，ホワイト先生の３人は，基礎自然科学，応用自然科学，人文科学，そして社会科学の学部生からなる大規模な授業への支援としてピア・ファシリテーター・プログラム（共同進行者プログラム）を活用しています。このプログラムでは，さまざまなコースで優れた成績をおさめた学生がピア・ファシリテーターとなって，学部生の議論や問題解決，グループ内の意思疎通を促進させるために，一つないし複数の小グループの活動に加わります。ホワイト先生の生化学コースの授業の導入部分でピア・ファシリテーターを経験した学生たちに対する調査では，文献調査能力や文書作成能力，コミュニケーション能力，問題解決能力などのスキルが統計的に有意に向上したことが報告されています[★5]。

他のいくつもの大学や短大で，数学の授業にPBLが用いられています。インディアナ大学サウス・ベンド校では，数学担当准教授のシャーフィー-ムサビ先生と経済学担当教授コハノフスキー先生が，社会と産業の問題を扱う新入生レベルの授業「行動する数学」を数年にわたって担当しています[★116]。小グループに分かれた学生たちは，毎春，実際に起こっている問題に対して，さまざまな団体や企業と協力して解決に取り組んでいます。最近の問題としては，ある校区での食料の調達と分配の効率に関する調査，他の校区における優れたプログラムの調査結果の数学的な分析，ショッピングモール周辺の資産利用効率の最大化，地域NPOのための最適な募金活動の組み合わせの決定，などがありました。

このコースの学生たちは，次のような成果を報告しています[★75]。

・数学が実生活の問題にどれだけ直接的に応用できるかがわかった。
・数学と一緒にコンピュータのスキルも学べた。
・データを適切にグラフに表す方法について学べた。
・数学以外の創造性やスキルが活用できた。
・授業で学んだ題材をプロジェクトにまとめ上げることができた。
・数学のツールを実生活の問題に応用できた。
・テスト以外の方法で，身につけた知識を表現することができた。
・知識を誰かに直接使ってみることで，やり方をしっかりと身につけることができた。

サウスカロライナ大学スパータンバーグ校では，類似の数学コースにおける68の授業（PBLによる授業と従来型の授業）を比較するという長期にわたる研究が行われ，単位修得率（年度当初の在籍者数に対する単位修得者の割合）の中央値が，PBLの授業では75％，従来型の授業では56％であったことが報告されました[★130]。

＊　＊　＊

教師，児童・生徒・学生，保護者，校長そして研究者の体験談や報告はどれをとっても説得力があります。しかし，ここでPBLと呼ばれているものはそもそも何なのでしょうか？　私たちはPBLについて何を知っているのでしょうか？　PBLでは教師や学生は何をするのでしょうか？　自分の授業でPBLを用いるとしたら，どうやって問題を設定するのでしょうか？　自分に合ったPBLの授業をつくるにはどうしたらいいのでしょうか？　本書第２章以降を読み進めることで，これらの疑問がきっと氷解することでしょう。

第2章

PBLとは何か

私たちは家庭や職場で，生活に影響を及ぼすような選択や乗り越えなければならない困難に，毎日のように直面します。それらを適当にやり過ごすのではなく，その中に潜んでいる課題のどれが重要なのかを探りだし，必要な情報を手に入れてよりよく対処できる能力を身につければ，選択や困難が何であれ，私たちはよりよい結果を手に入れることができるようになります。今までの経験からなる知識のネットワークが自分の中にあってこそ，私たちは，連想し解釈するという知的活動をとおしてさまざまな事柄を関連づけてとらえることができるのです。このような「知識の関連性の構築が，職場や家庭，投票所などあらゆる場所で私たちがしたり考えたり感じたりするすべてのことに，意味を与えてくれるのです」★28。

ほとんどの教師は，講義形式の授業，直接指導法*による授業，発見を誘導する授業など，あらかじめ決められた内容とプロセスで学習者に学ばせる形式に長年慣れ親しんできました。ですから教師は，PBLを取り入れようとする際にも，学習者が授業内容を理解し身につけたかどうかを確認するための枠組み，つまり構造化された状況**の中で構造化された問題**を与え，回答を強要するテストを実施するという枠組みの中で，PBLを用いることになってしまうのです。教師が教え，学習者が勉強し，与えられた問題を解く，という授業の枠組みは，学校では長らくあたりまえのものとされてきました。そして，この枠組みの中では，教師は教える役割を担い，学習者は知識を受け取る役割を担う

***直接指導法**：アメリカで広く用いられている指導法で，教師からの頻繁な問いかけを中心に進行する一斉授業のプログラム。学習者が学ぶ内容やスキル，授業の進め方があらかじめ決められた教育パッケージとなっている。

****構造化された状況・問題**：問題を解く手順が明らかで，正しい答えが一つしかない状況・問題。

ことになっています。しかしこの役割分担が有効なのは，実は学びが単純な場合に限られるのです。

PBLを実践しようとするとき，私たちは日ごろあまり意識することのないこのような学びの枠組みを見直すよう迫られます。PBLでは，利害関係者，すなわちまさにその問題に直接関わる当事者としての役割が学習者に与えられ，彼らは，問題を自分のものとしてとらえ，問題の核心がどこにあるのかを探り出し，実施可能な解決策にたどり着くまでの間に，学ぶべき知識やスキルを身につけるのです。一方で教師は，現実にある問題を学習者に投げかけ，思考を促すために彼らの活動を観察し問いかけながら，学習を支援します。以下に，いくつかの例を示します。

小学校２年生がNASAのアドバイザーの役割を担います。地球にとてもよく似たある惑星で，多くの植物が絶滅してしまいました。植物の絶滅を引き起こした原因は何なのでしょうか？　その惑星の植物を増やすために地球の植物を移植するという方法は，この惑星の環境を救うのに役立つのでしょうか？　また，役立つかどうか，どうしたらわかるのでしょうか？

ロールズ・バード小学校
(バージニア州)

中学校の生徒が，州の放射性物質保安部に所属する科学者の役割を担います。ある会社が，工場の敷地内にトリウムを山積みにしており，地域の住民は健康に不安を感じています。この状況における問題の核心は何なのでしょうか？　他にどのような人がこの問題に関わっているのでしょうか？　科学者は，この問題に関わる権限をもっているのでしょうか？　権限があるとすれば，科学者はどのような行動をとるべきでしょうか？

IMSAサマー・チャレンジ・プログラム
(イリノイ州)

高校の国語の授業で，生徒が女子刑務所所長のコンサルタントとなって，女性服役囚に見られる累犯性の原因を調査します。なぜ彼女たちは社会でうまくやっていけないのでしょうか？　彼女たちに更生の機会を与えるためには，どのようなコミュニケーション・スキルを身につけさせることが必要なのでしょうか？　服役囚のニーズに対応した更生プログラムを立案するにはどのような手順をとる必要があるのでしょうか？

イースト・オーロラ高校
（イリノイ州）

1. PBLの定義

PBLは，複雑な現実の問題に対する探究とその解決を中心に据えて集中して取り組む，体験的な（身も心も使った）学びです。PBLは，カリキュラム編成と指導法という補い合う二つのプロセスからなり，次の三つの大きな特徴をもっています。

・学習者は，問題をはらむ状況の中で，利害関係者として問題を解決する。
・教師は，学習者が自分と問題とのつながりを感じながら学べるように，適切な方法を用いて包括的な問題を中心に据えてカリキュラムを編成する。
・教師は，学びの環境を整え，学習者の思考をコーチ*し，探究活動をガイドして，深い理解へと促す。

PBLは，主体的な学習（アクティブ・ラーニング**）を促し，知識の構造化を支援し，授業と実生活とを自然に統合する本物の体験を学習者に提供します。さらに，PBLを中心に据えてカリキュラム編成を行うことで，州や国のスタンダードを満たしながら，教科を統合することも可能です。PBLで提示される問題は，学習者に多角的な視点を与え，問題解決の必要性を感じさせ，問題への関心を持続させるような，カリキュラム編成の核となります。問題解決のプロセスの中で，学習者は問題を解決する役割に専念し，問題の根源やよりよい解決策が満たすべき条件を明確にし，問題に関連するさまざまな事柄の意味を明らかにし，理解を深めながら自立して学習します。一方教師は，学びへの興味や熱意を示す手本となりながら問題を学習者とともに解いていく仲間であり，同時に，さまざまな解決策が考えられる開いた探究のできる環境をつくり

***コーチ**：コーチについては，6章2.「コーチングとは何か」を参照。
****アクティブ・ラーニング**：この本の初版が出たのは1998年だが，当時すでにアメリカにおいては，「アクティブ・ラーニング」は当然のように使われていた。アクティブ・ラーニング関係の本が多く出版されたのは1990年代の初頭以降。

▼ 図2.1　PBLにおける学習者と教師の役割

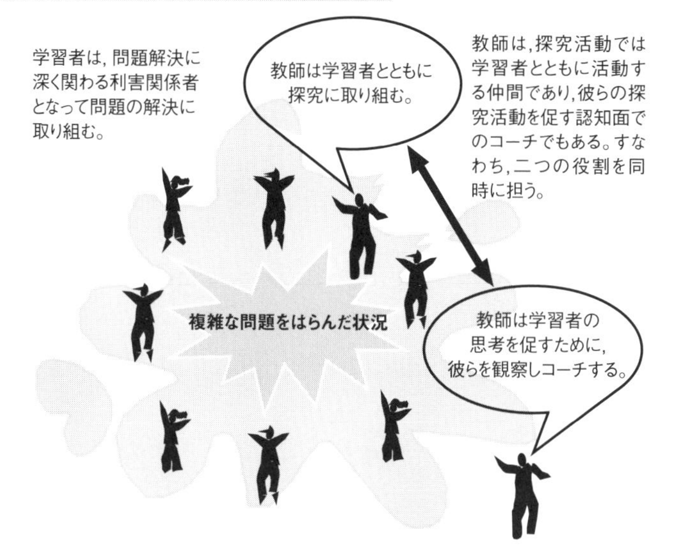

Torp & Sage (1998), p.16. © 1995 Illinois Mathematics and Science Academy, Center for Problem-Based Learning, Aurora, IL.より

出す，認知面におけるコーチでもあるのです（図2.1）。

2. PBLの設計と実践の概要

PBLの設計とその実践は，学習者のニーズ，カリキュラム，スタンダードという三つの要素間のバランスをとるための，相互に関連したプロセスであり，切り離して考えることはできません。設計と実践の大まかな流れを，図2.2に示します。

(1) PBLカリキュラムの設計

教師は，カリキュラムやスタンダードを十分に把握したうえで，地方紙に目を通したり，地域の人々や同僚と話し合ったりする中から，問題として使えそうな状況を見つけ出して検討し，実際に使う問題を選び出します（図2.3）。そして，学習者の実態やニーズに配慮しながら，彼らを問題に引きつけるための具体的な方法を決めます。

▼ 図2.2　PBLの設計と実践の概要

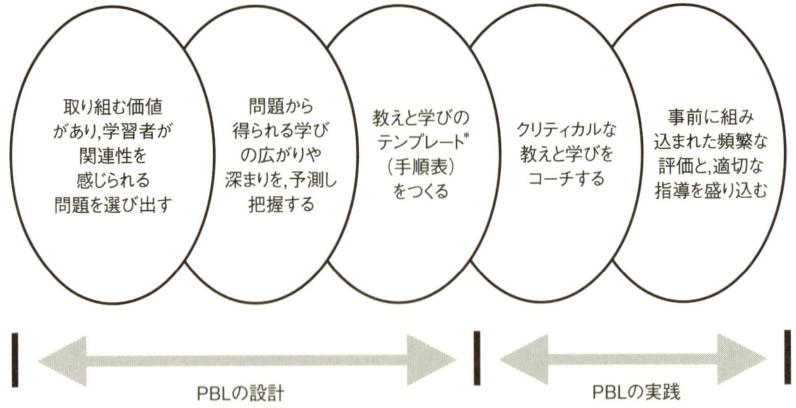

取り組む価値
があり,学習者が
関連性を
感じられる
問題を選び出す
問題から
得られる学び
の広がりや
深まりを,予測し
把握する
教えと学びの
テンプレート*
(手順表)
をつくる
クリティカルな
教えと学びを
コーチする
事前に組み
込まれた頻繁な
評価と,適切な
指導を盛り込む
PBLの設計
PBLの実践

Torp & Sage (1998), p.17. © 1995 Illinois Mathematics and Science Academy, Center for Problem-Based Learning, Aurora, IL. より

▼ 図2.3　問題をはらむ状況はどこにあるか？

教科書以外に
目を向けよう
あなたの家の裏庭は?
学校は?
近所は?
あなたの住む
自治体は?
あなたが関わっている
活動や興味は?

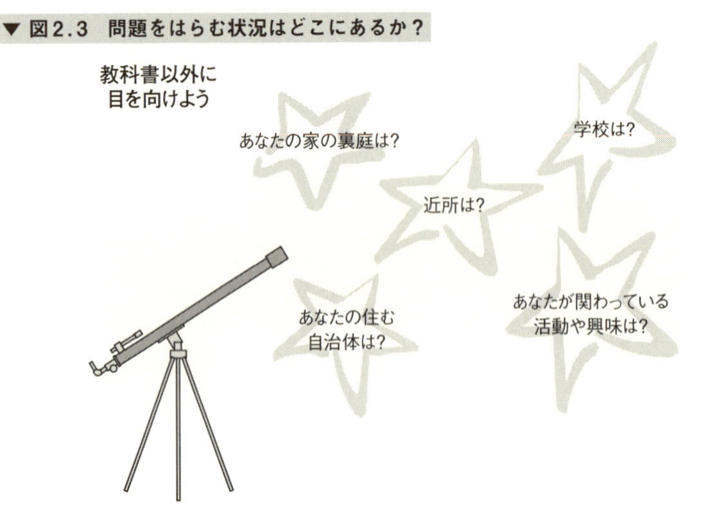

*教えと学びのテンプレート：PBLが効果的に進捗するように，教えと学びの活動を配置した手順表。図4.1参照。

> 問題をはらむ状況は，その中に興味関心の種を宿しています。学習者は問題を解決する過程で，今まで体験したことのない状況に直面しながらも困難を乗り越えようと取り組んでいる人々に共感するのです。　バレル★11

授業に使えそうな問題を検討する中で，教師は，教科の統合や地域との連携づくりなど，カリキュラムの中で達成できるものがどれだけあるかを検討します。教師はこの作業をとおして，学習者が授業内容と日常生活との関係に重要な意味を見いだすことのできる，カリキュラムとしっかりとつながった問題を探し当てることができるのです。

> 問題をはらむ状況は，取り組むには骨が折れるけれども，深く考えるに値する重要な概念をその中に含んでいるのです。　バレル★11

教師は，問題に対する解決策の実践とその成果の発表，あるいは問題が起こっている現場で実際に用いられているやり方など，さまざまな方法を用いて学習の成果を示すことができるように，PBLを設計します。そうすることで学習者は，それまでの間に成し遂げた統合的で複雑な本物の取り組みをしっかりと反映した発表ができるようになります。このような取り組みは，そもそも本質的に動機づけの力をもっているのです。表2.1に示すイリノイ州の国語（学

▼表2.1　イリノイ州の国語のスタンダード（学びの応用）の抜粋

学びの応用
生徒は，基礎的な知識やスキルの習得を表現することで，さらに理解を深める。このような学びのスキルは教科横断的であり，各教科で学んだ重要なことをより強固なものにする。

- **問題解決**　問題を把握し，調査する。そして，理由と根拠のしっかりした解決策をつくり出し，提案する。生徒には，しっかりと読み，聞き，考えを理解し，問いかけ，質問に答え，書面や口頭で自分の考えを伝え，理由を説明することが求められる。
- **コミュニケーション**　さまざまな情報や考えを表現し，解釈する。ランチテーブルを囲んで，新聞や雑誌を使って，あるいはラジオやテレビ，インターネットのオンラインサービスを使って，個人間やグループで，考えや情報を書面や口頭でやり取りする。
- **技術の活用**　情報にアクセスし，考えをまとめ，結果を伝えあうために，適切な道具や電子機器，コンピュータ，ネットワークを活用する。
- **チームでの取り組み**　全員がチームの一員として，生産性の高い学びが得られるように貢献する。生徒は，意見や計画，指示，評価を共有する際には，わかりやすく伝え，よく耳を傾けなければならない。また，情報を調べてチーム内に持ち込む際には，さまざまな情報源にアクセスし，選択し，理解しなければならない。
- **関連づけ**　個々の情報や概念が孤立して存在しているのではなく，それぞれの学習領域の中で，あるいは学習領域をまたいでつながりをもつことに気づき，そのつながりを活用する。

資料：Illinois State Board of Education. (1997). *Illinois learning standards*. Springfield, IL: Author. (http://www.isbe.state.il.us/ils/standards.html)

▼ 図2.4　PBLの基本プロセス

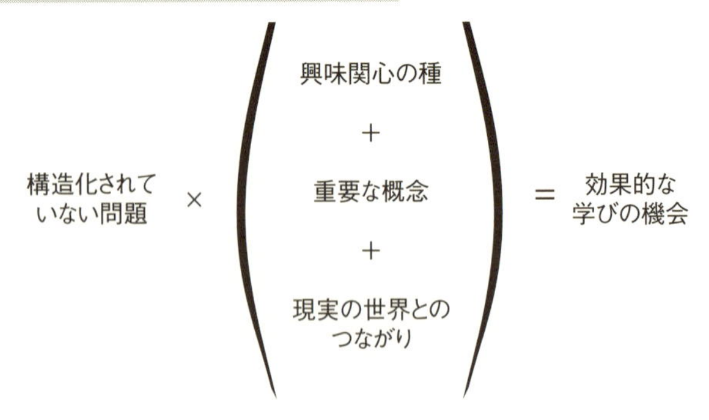

資料：Torp & Sage (1998, p.15). より

びの応用）のスタンダードからの抜粋に見られるように，州や国の定めるスタンダードでも，このような体験的な学習が重視されています。

PBLには，個々の学習者が学んだことを実際に使いこなす能力を自分に合った形で高める機会がたくさん用意されています。さらに有益なのは，この能力向上が，それ以後のすべての分野での学びに役立つ，ということです。図2.4に，PBLの基本プロセスを図示します。

教師は，PBLの授業をつくる際に，学習者を問題にうまく引き込むために，学習の目的と彼らの果たすべき役割を決定する必要があります。バレルによれば，「学びの体験とは，テーマに対して今までとは異なる新たな視点を学習者が手に入れる機会を提供すること」★11です。どのような視点を与えることが彼らの好奇心をそそり，取り組みへの最良のきっかけとなるのでしょうか？　学習者には，問題やその解決に向けた探究活動を自分自身のものとしてとらえて，積極的に取り組んでほしいのです。

学習者の視点をどこにおくかは，解決策に大きく影響します。アメリカ北西部の老相林で絶滅に瀕しているマダラフクロウを保護するため，マダラフクロウ生息域内の森林伐採が禁止されました。このため森林伐採量が急減し，深刻な失業などさまざまな問題などが発生しました。この状況が，地方議員，木材業者，環境活動家，地域の小売業者など，視点をどこにおくかによってどれだけ違って見えるか，少し考えてみてください。

授業をつくり上げることには，学習者に提供する情報や地域における情報源の適切な選択や，学習支援のための教材作成も含まれています。

(2) 授業の実践

PBLの進め方を考える際には，教師が果たすべき認知的コーチ*としての役割を理解するとともに，PBLにおける教えと学びの活動**のあり方を十分に理解することも必要になります。私たちは何百もの授業を見学し，PBLの授業をうまく進めていくために不可欠な教えと学びの活動をいくつか見つけ出しました。

いくつかの教えと学びの活動を組み合わせて，問題と出合ってから問題解決に至るまでの教えと学びのテンプレートをつくり上げる際に，教師は学習者が各自のレベルに合わせて思考を展開できるよう，一つひとつの活動に対して明確な目標を設定します。そして，教師はその目標達成に向けて彼らをコーチしながらも，問題解決に向けた取り組みの中のいくつかの重要な局面では，必要な指導や評価・フィードバックを予定しておくことが必要です。教えと学びの活動については第４章で詳細に述べますので，ここでは，学習者が問題に出合い，探究し，解決するというPBLの一般的な流れについて説明します。

3. PBLによる問題解決の進め方

(1) 問題をはらんだシナリオの中で，学習者に利害関係者の役割を与える

私たちは，学習者が授業に集中し，問題を自分のものとして取り組んでくれることを望んでいます。彼らが集中して取り組むようにするためには，役割を与えるだけでなく，取り組みの成果や問題の解決策について何らかの発言権を自然にもたせることが重要です。たとえば，市内での大きなイベントの開催にあたって懸念される交通障害に関して市長に提言する，という取り組みを中学生にさせるとすれば，具体的にはどのような役割を与えることでより大きな発言力や影響力をもたせることができるでしょうか？　交通局の職員がいいでしょうか，中心街の商店主がいいのでしょうか，あるいは中学生のままがいいのでしょうか？

同じクラスで複数の問題を扱うような場合に，学習者の役割をその都度変える必要は必ずしもありません。可能であれば同じ役割を引き続き担ってもよい

*認知的コーチ：探究や思考などの認知活動を継続し深めるよう，学習者を支援する人。
**教えと学びの活動：PBLを進める際に行われる活動。p.48の図４.１参照。

のです。学校が大規模な改修や増築を計画しているとしたら，その問題を扱うにはどのような役割が適切でしょうか？　中学生のニーズに応じた環境がどのようなものか調査して，建築家や教育委員会に提言するとしたら，どのような立場がより適切でしょうか？　大切なことは，役割と状況はお互いに補い合うPBLの土台となり，結果に大きく影響するということです。

また，学習者に問題をはらんだ状況について共感をもってもらわないと，PBLはうまくいきません。身近に起こっている問題に関心をもってもらいたいのです。シルウェスター★[122]は，以下のように述べています。

> 教育において，感情はきわめて重要な意味をもちます。なぜなら感情が注意力を喚起し，さらに注意力が学びや記憶の意欲を喚起するからです。

さらに，彼は次のように付け加えています。

> 私たちは今まで，感情には配慮せず論理や論拠を中心に据えて教えることで，授業運営や学習評価を簡略化してきたきらいがあります。しかしこれは，一つのコインの表と裏を切り離すような，そもそも無理なことだったのです。私たちはこの簡略化のせいで，教育活動の中にある大切なものを見失っているのです。

(2) 学習者が，構造化されていない問題をはらんだ状況に浸る

学習者に与える状況は，複雑で解決が難しいものです。そこに含まれている情報は不十分で，探究や情報収集，考察が常に求められます。さらに，情報を集めてそれを評価するに伴って，取り組むべき問題や謎が形を変え，調査に新しい道が開けていくことになります。彼らは調査する中で，収束しそうにない仮説や対立する証拠，さまざまな意見に出合うことでしょう。そして最終的に最善の解決策が一つ選び出されたとしても，その解決策の実施に際しては，いくつかの選択肢を残しておかなければならなくなるでしょう。問題をはらむ状況は常に変化し不確かで，単純な決まりきった答えなど存在しないのです。

なぜ私たちは，このような，問題を解く手順が決まっておらず，答えが一つでないような構造化されていない問題を用いてPBLを実践しているのでしょうか？　マシュー・リップマンはその著書『教育における思考（未邦訳）』★[83]で，構造化されていない問題の重要性を強く主張しています。

> 学習者は,「何かが足りない」「完全ではない」といった感覚をもって初めて,与えられた情報を越えて探究に踏み出していかなければならないと感じるのです。つまり,部分的なこと,断片的なこと,不確実なことは,彼らを刺激し,不完全な部分を完全なものにして問題を解決したくなるように働きかけるのです。

構造化されていない問題に取り組む際に,学習者はその問題を分析し,統合し,評価することをとおして全体像を把握し,実施可能な解決策をつくり出すという活動を行います。一方,構造化された問題の場合は,彼らには必要な情報,指針,明確な終着点が与えられ,知識を得る,理解する,応用するといった思考のスキルについては,簡単に触れる程度に過ぎません。

PBLのようなやり方は,年少の子どもたちにとってどのような意味があるのでしょうか？　小さな子どもたちには難しすぎて,中学生くらいになるまでPBLを体験させるのは無理だと考えるべきでしょうか？　いや,そうではありません。実際,小学校の子どもたちは,教師を驚かせ喜ばせる行動力と熱意をもってPBLの授業に取り組んでいます。子どもたちは,「すべての情報は百科事典の表表紙と裏表紙の間にある」といった凝り固まった考え方にまったくとらわれていません。彼らは,電話をかけたり質問したり実験したりして,必要な情報を探し求めます。しかも,優れた研究者のように,何度も何度も「なぜ？　なぜ？　なぜ？」と繰り返し,安直な答えを乗り越えて探索することの価値を知っているのです。年少の子どもたちに適した問題はたくさんあります。ちょうど「美は見守る者の目の中にある」ように,問題を見いだす力は,学習者の心の中にあるのです。

たとえば第1章で紹介したPBLの実践例には,前の校長先生が抱えていた「なぜ自宅の花壇の花がうまく育たないのか？」という問題を,小学1年生が解決した様子を紹介しました。その中で子どもたちは,どんな立派なお話や窓辺の鉢植えからよりも,植物やその生長,生育条件についてよく学ぶことができました。さらに大切なことは,学校での授業と実生活との間に大切なつながりがあることを体験したことです。

(3) 学習者が，「知っていること」「知るべきこと」「思いついたこと」を書き出す

学習者はPBLに取り組むにあたって，与えられた役割や状況，不十分な情報をもとに，自分たちが今「知っていること」を明確にし，共有します。そしてこのプロセスによって以前からもっている知識を呼び起こして，知識と問題の間につながりをつくるのです。構造化されていない問題は，その不完全な状況そのものがもつ力で，彼らに「知っていること」と「知るべきこと」を明確に区別する作業に取り組ませます★21。この作業によって，学習者は状況をよりよく把握し始めます。そしてこの時点で，グループ内で作業を分担しながら，情報の重要性を理解し，必要な情報源を分類するという活動が自然に生まれてくるのです。

学習者が計画を立てたり情報を集めたりしているときに，進むべき方向を間違ったり袋小路に迷い込んだりしているのを見ると，教師は心配になるものです。しかも，彼らは実にしばしばそのような事態に陥ります。しかしそのような中でも，彼らは必ず経験から学ぶのです。与えられた状況の中でうまくいかないことを体験することの多くは，うまくいくことを体験することと同じくらい価値があります。現実の問題を解く中で経験する混乱は，時には非生産的な回り道に見えますが，その裏で学習者に豊かな学びを与えてくれるのです。

> 森林保護区での仕事に携わるという若者向けのこれまでのプログラムでは，コウモリの巣箱の製作・設置の活動を行う際に，やるべきことを具体的に指示していました。しかし，このプログラムをPBLで扱うように変更し，自分で野生のコウモリとその生態を調査して巣箱を設計し適切に設置するという内容に変更したうえで，彼らには以前のプログラムと同じ目的を達成するよう求めることにしました。予想通り，彼らの活動はさまざまな紆余曲折を経ることになりました。しかし，PBLで行ったことで，彼らの関心や熱意がふくらみ，すばらしい活動が成し遂げられたのです。　ベノワ★17

(4) 学習者が，問題の明確化をとおして，さらなる探究活動へと進む

はじめに学習者は問題をはらんだ状況の中に置かれ，役割が与えられます。

そして，クラス全体で，あるいはチームの中で，情報を収集し共有する活動を開始します。この活動をとおして，参加しているすべての学習者が問題の全体像を把握できるようになります。しかし，情報収集はひとり歩きしてしまうことがよくあります。つまり，自分の好奇心をそそる道筋を追い求めて個人的な興味が中心となってしまい，結果として探究自体はぼやけてしまうのです。そのようなことにならないようにするには，優れた解決策とはどういうものかという条件をあらかじめ挙げさせ，それに沿って，問題の核心にある課題をはっきりと書き出して明確化するよう，学習者をコーチすることが重要です。PBLに取り組んでいる教師の多くは，与えられた問題を解決する過程で学習者に「今の段階で取り組むべき問題を具体的に記述したもの（以後，問題記述とよぶ）」を書き表すようにさせています。そして，その記述がどのように変化しているかをみんなで共有できるように，必要な時点で問題の把握状況を記述させて教室内に貼り出すようにしています。そうすることで探究活動が引き締まり，みんなで探究活動にきちんと向かっていけるようになるのです。

いくつかの解決策を考え出し，それらを検討する段階に入る前に，学習者は，見出したものを共有し，さらに知るべきことを明らかにして，問題記述を見直す，という探究活動のサイクルを何回も繰り返すことになります。探究活動そのものに動機づけられて，彼らは自立した学習者となるのです。その鍵は，PBLが提供する深い学びの体験に対する学習者の強い興味関心です。

> 学習者が楽しみながら熱心に活動に取り組むようになると，教えることは教師にとってとても喜ばしい体験になります。そのような活動としては，たとえば，意味を探る，比喩をつくり出す，評価し予測する，グループ作業でお互いに協力し合う，道徳的・倫理的な事柄について議論する，などがあります。
>
> シルウェスター★[122]

(5) 学習者が，実施可能な解決策を複数つくり出し，最適な解決策を決定する

学習者は，教師の適切なコーチングのもとで現実の問題の全体像について何回も議論し，実施可能な解決策をつくり出す用意ができてから，実際に解決策をつくり出すことになります。解決策が複数できあがったら，次に，何度も繰り返して問題記述を書き改めてきたことで明確になった本質的な課題とそれが

満たすべき条件に照らし合わせて，これらの解決策を評価します。シルウェスター★122によれば，人間の脳はこの種の活動が得意です。

あいまいな問題を概念化することにおいて，すなわち，受け入れ可能な一般的な解決策に組み込むことのできる重要で価値のある要素が何なのかを特定することにおいて，私たちの脳は現在でもコンピュータよりはるかに優れています。

最も適切な解決策を選択し終えたら，いよいよ発表の準備にとりかかります。学習者は，概念図やチャート，グラフ，提案書，方針説明書，メモ，地図，模型，ビデオ，インターネット上のホームページなど，自分たちの役割や状況の中で本物として使えるものであれば何でも使って，問題とその解決策を共有しようとするでしょう。この解決策の提案は，パフォーマンス評価の場となります。理想的には，その問題の現実の利害関係者とやりとりを行い，利害関係者の質問や関心にこたえるような場を設定するとよいでしょう。もしその解決策が適切だった場合は，利害関係者が実際にその解決策を実行するかもしれません。

シカゴにあるスタインメッツ高校の例を取り上げましょう。その学校では，近くの病院でのサービス・ラーニング・プロジェクト（ある程度継続して行うボランティア体験活動）をPBLで行っています。これに参加した生徒たちがある問題を知りました。そのころ，病院内で生物学的な災害を引き起こす可能性のある廃棄物が見つかったのです。その廃棄物は1930年代から保管されていました。生徒たちはこの問題を取り上げ，法律，倫理，廃棄物管理，そして健康のそれぞれの観点から調査を始めました。そして彼らは，この問題に対する実施可能な解決策にたどり着き，病院当局に向けて発表しました。その結果，病院は生徒たちの提案を採用したのです。

PBLでは，問題に取り組むプロセスの中で学習者に，学習する者であると同時に実践者でもあるという権限を与えるのです。それをとおして，ただ単に問題解決のプロセスや解決策を考えることだけでなく，利害関係者としての学習者の着想や思考を現実の社会に反映させることもできるようになります。PBLはプロセスとして，地方や州，国のスタンダードで重視されている大切な知識とスキルを現実の社会に適用する機会を，さまざまな形で多角的に提供してくれるのです。

4. PBLの本質的要素

PBLの授業において，問題を提示したり授業を実践したりする方法にはいろいろなものが考えられますが，以下に挙げる要素はPBLに最も重要なものです。

①はじめに問題をはらんだ状況が学習者に提示され，それが学びを持続させるための核となり背景となる。

②問題をはらんだ状況は，以下のような共通する特徴をもっている。

・構造化されておらず複雑である。
・新しい情報が追加されることによって変化する。
・簡単には，また特定のやり方では解くことができない。
・一つの正解で終わるものではない。

③学習者は積極的な問題解決者であり学びの主体者である。一方，教師は認知的・メタ認知的コーチである（学習者の知識やスキルを身につけることを支援すると同時に，知識やスキルの獲得方法を身につけることも支援する）。

④収集した情報は学習者間で共有されるが，知識は学習者一人ひとりの中に構築される。議論や指摘をとおして，彼らの思考が表現され検討が加えられる。

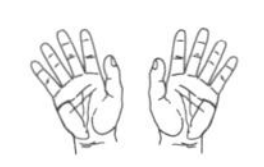

⑤評価は，問題解決と学びのプロセスに組み込まれ，切り離すことのできないものである。

⑥PBLの授業は必ずしも教科横断的ではないが，常に統合的である（扱う内容が単一の分野だけで構成されることはなく，複数の分野にわたっている）。

5. PBLから得られるもの

小学校から大学院まで，PBLはそれぞれの状況に適した形で実施されていますが，得られる効果はすべてのレベルに共通しています。イリノイ数理アカデミー（IMSA）では1990年代の初頭から，核となる教師グループがPBLの授業やコースを設計し実践しています。彼らの経験や検討，あるいは文献調査の結果を見ると，PBLのもつ特徴がわかります[★55, 119, 13]。その特徴について，PBLを実践した教師の具体的なコメントを見てみましょう。

(1) PBLは，学ぶ動機を高める

PBLは，問題が奏でる不協和音や提示する緊張関係が学習者を問題に引きつけ，学習に取り組ませます。彼らは探究活動の成果に夢中になり，積極的に問題に関わって深く掘り下げて考えるようになるのです。次の教師のコメントは，学習者の積極的な参加の様子を明らかにしています。

> 私がPBLを用いて授業を行ったときの，学習に対する生徒たちの責任感や取り組みは，他の方法を用いた授業での様子とはまったく違っていました。このことは私にとって衝撃的でした。生徒たちはこれまでとはまったく違う活動をしたのです。そのことを実際に目にして，私は大発見をしました。生徒たちの学びを変えるためには，今のままではいけないということに気づいたのです。
>
> ワークマン先生
> （IMSA理科教師）

> 真の学びが展開されているのを目にすることは，「とてもエキサイティング」なことです。「この学びは本物」です。そう，子どもたちは本当に学びたいのです。授業の翌日，そのうちの一人が私のところにやってきて，「市立図書館に行って『アンクル・トムの小屋』を自分で借りてきたよ」と話してくれました，それが大変なことだったというそぶりも見せずに。とてもすばらしいことだと思いました。しかも，140年ほど前に書かれた本であるにもかかわらず，その子はそれをなんとか読み通そうとしていたのです。
>
> ハイトシュー先生
> （中学校社会科教師）

(2) PBLは，学びと現実の世界を関連づける

PBLでは，「なぜ，私たちはこんなことを学ばなければならないのですか？」，あるいは「学校でやっていることは，実際の世界となんの関係があるのですか？」といった学習者からの質問に，明確な答えを示すことができます。以下の教師のコメントは，授業において現実との関連が深い題材を学ぶことがいかに重要であるかを教えてくれます。

最後の二日間，私は生徒たちをオリエンテーリングに連れ出しました。彼らは心から楽しんでいました。今改めて考えてみて，PBLは問題をめぐるオリエンテーリングのようなものだと気づきました。オリエンテーリングを開始すると，生徒たちはコンパス片手に森の中へ小走りに向かい，探すべき答えやポイントを自分で見つけようとしました。オリエンテーリングから戻ってきたとき，彼らは達成感を感じてとても喜んでいました。実際に森の中を探索することなしに，森の中にあるポイントを講義したり説明したりするだけで同じような反応を引き出すことができるでしょうか？生徒たちには，ポイントを見つけるという課題が与えられました。ポイントを見つけることができたということは，森の中に潜むさまざまな困難に打ち勝ったということです。森そのものが彼らを打ち負かすわけではありません。これはPBLのとてもいい比喩ですね。自然の中に入っていきポイントを見つけたとき，そこには発見の喜びがあります。「他人から語られて感じる喜びは，自分で発見する喜びに比べれば小さなものだ」，と私は思います。

トンプソン先生
(IMSAの理科教師)

子どもたちは，遂行すべき本物の任務と学びたくなる本物の理由を突然手にします。そして周囲の人々は，学ぼうとする子どもたちに真剣に対応し始めます。これは単なる模擬的な状況ではないのですから。

ヒントン先生
(小学校教師)

(3) PBLは，高いレベルの思考を促す

「先生が私に見つけさせようとしている答えは何なのだろう？」という連想

ゲームのような授業をやめて，認知的コーチングという指導法を用いて学習者に構造化されていない問題に取り組ませることは，彼らのクリティカルで創造的な思考を呼び覚まします。彼らは，問題解決に向けて必要な情報を集め，その信頼性や正当性を評価します。教師は，学習者が問題に取り組み，根拠のしっかりとした受け入れ可能な解決策をつくり出すまでの間，高いレベルの思考*を維持するよう働きかける必要があります。教師の仕事は，高いレベルの思考を維持するよう学習者を促すことにあるのです。

専門家に集まっていただき，生徒たちがつくり上げた解決策を聞いてもらいました。生徒たちの知識の深さや広さ，やり遂げてきたさまざまな事柄に，大人たちはただ驚きました。アドバイザーとして招かれた専門家たちは，この集まりは月並みのスピーチと5分間くらいの簡単な質疑応答ですむのだろうと考えていたようです。私は専門家の皆さんに，「すみませんが，プレゼンテーションを5分にして，1時間の質疑応答の時間を設けたいのです」と伝えました。実際その場で生徒たちは，学んだ内容について深く理解していることが専門家の皆さんにしっかりと伝わるような，信じられないほど難しい質問をしたのです。

ロブ先生
（中学校国語教師）

生徒たちから質問されたときは，すぐに答えを返そうとするのではなく，むしろその質問をじっくりと振り返り，生徒たちにそれをまっすぐに投げ返すことに慣れなければなりません。そして，それはそんなに簡単なことではありません。

ドッズ先生
（IMSAの理科教師）

(4) PBLは，学び方についての学びを促す

PBLは，メタ認知**と自立的な学びを促す力をもっています。学習者は問題解決の取り組みをとおして，課題の明確化，情報の収集，データの分析，仮

***高いレベルの思考**：ブルームの認知領域の6分野のうち，「知識」「理解」を低いレベルの思考，「応用」「分析」「統合」「評価」を高いレベルの思考という。第7章1.（2）ブルームの認知領域参照。
****メタ認知**：自分の思考や行動そのものを対象として客観的に把握し認識すること。

説の構築と検証などに役立つ方法を自分たちでつくり出します。そしてつくり出した方法を共有し，他の学習者やメンター*の方法と比較します。このようなやりがいのある活動が，以下に示すようにすべての学年をとおして行われているのです。

「知っていること，知るべきこと」の活動を子どもがきちんと説明できる，ということが決定的だと私は思います。どうしてこんなふうに考えるのかを子どもたちが自分で考え始めることができれば，今からすることがガラクタをつかむことなのか，知識を増やすことなのかを，自分たちで見極めることができるようになるのです。今ここでエコロジストのような言葉を使うとすれば，彼らの適応力が高まるのです。彼らのおかれている知的でやりがいのある環境に対する適応力がぐっと高まります。「備えある心に偶然は味方する」はパスツールの言葉だったでしょうか？

肝心なことは，どのようにして備えある心をもつかです。それは，ひたすらガラクタをつかみ続けることで達成されるのでしょうか？　それとも，問題にアプローチする方法を知ることで達成されるのでしょうか？

トンプソン先生
（IMSAの理科教師）

小学校１年生でもPBLができますよ。彼らは，電話をかける，インターネットの助けを借りる，近所で聞いて回るなどいろんな力をもっています。彼らは探究活動を受け入れるし，このやりがいのある取り組みに怖じ気づいたりはしません。PBLでは，好奇心を抱き，意欲をかき立てながら取り組んでいる様子を，子どもたちが自分たちの力で周囲に示すことができます。これは，単に頭の中で考えるだけではなく，実際に試すことができるという，子どもたちにとってまったく新しいやり方なのです。

アルフォード先生
（小学校前校長）

(5) PBLは，本物の学びをもたらす

PBLは，現実の社会の状況に類似したやり方で学習者に学びに取り組ませ，

***メンター**：メンティー（サポートされる人。若手の場合が多い）の手本となり，能力を引き出しながら，目標を達成するためのよき理解者，相談役，味方となる人。

単なるまねごととしてではなく本当に周囲の人々に対して表現するという方法で，彼らが深めた理解を評価します。これをパフォーマンス評価といいます。本物の状況や本物の評価の場を提供した結果はどうだったのか，教師からの報告を以下に示します。

> PBLを始めた最初の年は，ほとんど3分の2を過ぎるまでは，このやり方がどれほどすばらしいのか私にはよくわかりませんでした。しかし，3分の2を過ぎたころ，期待してはいたけれども実際にそうなるとは保証されていなかったこと，具体的には，かなりのグループが完全に私たちの手を離れ，多くの成果をもたらしてくれる方向に進んでいることが明らかになりました。そして生徒たちは私たちのところに来て，「これが当然のやり方だね」と話してくれるようになりました。彼らはまさに驚くべき成果を上げていたのです。ある生徒が西海岸で行われた会議に出席したことを，私は今もよく覚えています。彼女は1年間ほどで，電磁低周波の分野と生物システムでの国内第一級の専門家の一人といっていいほどの知識を身につけたのです。

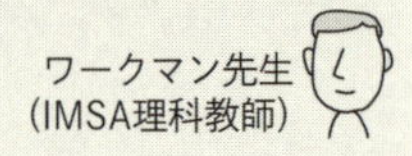

> シミュレーションのような模擬的な問題にも，確かに価値はあります。しかし，本物の成果を生み出す現実問題の解決がもつ力とシミュレーションがもつ力は比べるまでもありません。私の受け持った生徒たちには，はじめは頑固に反対していた村役場に対して，ダンスクラブの試行を許可するよう説得することができた生徒たちもいましたし，ペットシェルターとは何かということを多くの人に知ってもらうことを目的としたプロジェクトで，ウェブサイトやパンフレットを作成した生徒たちもいました。
>
> リュング先生
> （高校国語教師）

6. さまざまな指導法の比較

PBLの長所について考察し，学習者を，知識をもつ者，考える者，実践する者ととらえることで，私たちはPBLとそれ以外のさまざまな指導法の違いを明らかにしてきました。教師はこれらの指導法を一通りレパートリーの中にもち

▼表2.2　指導法の比較

指導法	教師の役割	学習者の役割	認知	メタ認知	学習者の関わり方	問題	情報
講義	専門家として： ・思考を導く ・知識をもっている ・学習者を評価する	受け手として： ・自分から何もできない ・不活発 ・空っぽの器（知識の受け皿）	学習者は，受け取った知識を自分の中に複製し，テストのときに使う	なし：学習スキルは，学習者が自分の責任としてもつべきものと見なされている	学習者として： 個人的な経験の外側，すなわち他人事について学ぶ	・よく構造化されている ・記憶力を試すために提示される	教師がすべてを準備し，学習者に提示する
直接指導（実習）	示範者として： ・指揮する ・リハーサルを指導する ・学習者を評価する	模倣者として： ・応答する ・やや活発 ・教師の指示を待つ	学習者は演習し，受け取った知識を自分の中に複製し，テストのときに使う	教師が指導する演習の中で，習得すべき学び方が暗示される	学習者として： 個人的な経験の外側，すなわち他人事について学ぶ	・よく構造化されている ・記憶力を試すために提示される	教師がすべてを準備し，学習者に提示する
ケース・メソッド	コンサルタントとして： ・講義する ・環境を整える ・助言する ・学習者を評価する	クライアントとして： ・応答する ・やや活発 ・自分の経験を応用する	学習者は，事例の問題解決に向けて，受け取った知識と自分自身の経験を応用する	学び方を学び，それを事例の問題解決に応用するが，必ずしも自立的ではない	学習者として： 個人的な経験の外側，すなわち他人事について学ぶ	・よく構造化されている ・応用力や分析力を試すために提示される	教師がほとんどすべてを準備し，学習者に提示する
発見型探究	ミステリー作家として： ・学習者を発見に導くパーツを組み合わせる ・ヒントを準備し，事件を事前に提示する ・学習者を評価する	探偵として： ・ヒントを拾い出す ・やや活発 ・証拠を見つけ出す	学習者は，「発見した」事実をもとに，関連する事柄の構造や原則を理解する	探究プロセスを学び，調査に応用するが，必ずしも自立的ではない	学習者として： 個人的な経験の外側，すなわち他人事について学ぶ	・よく構造化されている ・知識の構築方法として提示される	教師がほとんどすべてを準備し，学習者に提示する
問題中心型学習	情報源として： ・内容と問題解決方法を明確に教える ・学習者が共感する問題を設定する ・学習者の実態に合わせて翻訳する ・学習者を評価する	問題解決者として： ・情報源を評価する ・いろいろな解決策をつくり出す ・活発	学習者は，受け取った知識と自分の経験を統合しながら，カリキュラムの枠内で問題の解決に取り組む	問題解決プロセスを学び，問題解決に応用するが，必ずしも自立的ではない	学習者として： 個人的な経験の外側，すなわち他人事について学ぶ	・やや構造化されている ・効果的な学びの行動様式を身につける方法として提示される	教師がほとんどすべてを準備し，学習者に提示する

▼ 表 2.2　指導法の比較（続き）

指導法	教師の役割	学習者の役割	認知	メタ認知	学習者の関わり方	問題	情報
シミュレーションとゲーム	舞台監督として： ・状況を管理する ・シミュレーションやゲームを開始させる ・脇から見守る ・状況報告を受け取る	役者として： ・シミュレーションやゲームを体験する ・状況の不意の変化に対処する ・活発に演じる	学習者は，自分自身について，実生活の中での自分の役割について，モデルとなった現実について，学ぶ	・状況報告の中で，明らかにされる学び ・振り返りの中で，解釈され評価される体験	役者あるいは駒として： 自分のこととして出来事に対応し，他人事に共感する	・やや構造化されている ・自分とそのまわりの出来事を理解する方法として提示される	教師がほとんどすべてを準備し，学習者に提示する
専門家のマント	旅行案内人として： ・グループ内での学び合いを可能にする ・学習者が任務を遂行するために知るべきことを発見する道筋を示す ・学習者の道案内となる ・状況について振り返る	旅人として： ・積極的に旅を体験する ・歴史的な視野を持って取り組む	学習者は，概念的・個人的・社会的レベルで学ぶ論証の場をつくりながら，クラス内のコミュニケーションを再構築する	・生き生きとした体験のもつ強い力が，事前に獲得していた予備知識を活性化させる ・教師は，モデルとなり，同時にコーチともなる	実践者として： 自分のこととして，ある出来事の起こった時代を旅し，学ぶ	・焦点はしっかり絞られているが，あまり構造化されていない ・社会システムと関わることが不可欠な状況として提示される	教師がほとんどすべてを準備し，学習者に提示する
PBL	コーチとして： ・問題をはらむ状況を提示する ・モデルとなり，コーチとなり，最後には姿を消す ・共同調査者として，学習者とともに取り組む ・学びを評価する	参加者として： ・積極的に複雑な状況の把握に取り組む ・問題を調査し，内側から解決する	学習者は，自分たちで決めた条件に適合するような解決策を作り出すために，知識を統合し構築する	・教師は，必要に応じてモデルとなり，コーチとなる ・学習者は，自分自身の学びを促し導く方法を自分で身につける	利害関係者として： 状況に浸りながら，出来事を自分のこととして学ぶ	・構造化されていない ・学習者の心をつかんで離さない問題が明確でない状況として提示される	教師は，学習者が自分で知るべきことを見つけ出さない限り，ほとんど情報を提供しない 学習者が，ほとんどすべての情報を収集し分析する

参考文献: Alkove & McCarthy, 1992; Casey & Tucker, 1994; Cornbleth, 1988; Doll, 1993; Heathcote, 1983; Heathcote & Herbert, 1980; Lederman, 1994; Swink, 1993; Wagner, 1988; Willems, 1981; Wolf, McIlvain, & Stockburger, 1992.

Torp & Sage (1998), pp. 25–26. © 1996 Illinois Mathematics and Science Academy, Center for Problem-Based Learning, Aurora, IL. より

合わせているとは思いますが，学習者，教師，問題の役割をその他の主要な要素と併せて考察することで，PBLと他の指導法との違いを明確にすることができます（表2.2参照)。

7. まとめ

私たちは，勝手な思い込みではなく根拠に基づいて，PBLがどのようなものなのか，探究活動や意思決定に向けてどのようにして学習者のやる気を高めるのか，について述べてきました。彼らがPBLの中で，現実の問題に直結した構造化されていない問題に対する実施可能な一連の解決策を評価する場面で，いくつもの教科や情報源から知識やスキルを得て身につけ応用する，ということが，私たちの文献調査や私たち自身の経験をとおして明らかになりました。探究活動の成果やその発表は，学習者が知識やスキルを獲得した証拠となりますし，スタンダードに基づいた個々の学習者の学びの評価ともなります。次の章では，PBLの背景を深く探究し，PBLによって学習者がどのようにして，常に移り変わる周囲の世界を創造的かつクリティカルに評価できるような，開かれた心をもち，適応力が高く，複雑な事柄に対応できる思考者となるのか，について検討しましょう。

第3章

PBLの理論的基礎

「人は，現実の活動から学ぶ」★[57]。多くの人が1世紀にもわたって，この簡潔で論理的な文章を受け入れ，研究し，解説してきました。PBLは，現実の状況の中で学習者が考え，知り，行動する体験学習の一形態です。医学教育やビジネス教育では数十年にわたって広く使われてきましたが，幼稚園から大学までの教育で広く使われるようになったのは，1990年以降のことです。しかし考えてみれば，「学習者が自分自身の意図を明確にしながら積極的に問題解決に携わる」というPBLの核は，ジョン・デューイの時代にまでさかのぼることのできる伝統的な教育観なのです。それでは，PBLの基礎的理論を理解するために，まずはじめに医学教育に目を向け，次に幼稚園から大学までの教育におけるPBLの基礎的理論となる「構成主義」のルーツを探ることにしましょう。

1. 医学部におけるPBLの始まり

1960年代に，それまでの教育概念とはまったく異なるPBLという方法が医学教育において始まりました。当時，カナダのオンタリオにあるマクマスター大学の臨床医学の教師たちが，生物医学演習の時間に学生にどれだけ知識やスキルを教えても（そして学んだはずだと思っても），臨床の現場ではそれらが活かされない，という現象に気づき，興味をもちました。講義で学んだことが現場での応用には結びつかず，さらには，大学の中では価値があり成功の指標である授業の成績が，実際の患者を相手とした臨床現場での成功の指標とはならなかったのです★[3]。しかし，このようなこと，すなわちテストのために覚えてすぐに忘れるということは，私たちにとってはおなじみのことです。

そこで，マクマスター大学は，不安でいっぱいで症状がうまく説明できず医師や看護師とのコミュニケーションがうまくいかない患者を想定して，患者からの病状報告があいまいになっている状況を模擬的につくり出し，学生たちを小グループに分けてこの模擬患者に対応させてみることにしました。そして学生たちは，患者の問診結果や病状の記録，必要な検査結果を用いて，学ぶべき内容を明確にしながら診断し，治療計画を作成しました。グループ討論を中心として，チューター*が学生たちをその状況に巻き込んでいくことで，学生たちは単なる受け身の存在としてではなく完全な参加者として，探究と学びのプロセスに入り込んでいったのです[★14]。

1970年代になってニュー・メキシコ大学が，マクマスター大学からの支援を得て，既存のプログラムと並行させながらの小規模なものではありましたがPBLによるプログラムを開始しました。これら二つのプログラムを比較検討した研究結果が次第に蓄積され，PBLで学ぶ学生たちと既存のプログラムで学ぶ学生たちが，同程度の内容を学習できることが明らかになり，PBLでは学習内容がカバーできないのではないかという当初の不安は取り除かれました。またこの研究から，周囲の環境からの制約が少なく自立的に学ぶという特徴をもつPBLで学んだ学生たちが生涯にわたって学習を継続する力を身につけていることもわかりました[★8]。

さらに，1980年代にはハーバード大学医学部が，ニュー・パスウェイ・プログラムとして，40人の学生からなる四つの学習グループのうちの一つにPBLを採用しました。1990年代には，南イリノイ大学，ラッシュ大学，ボウマン・グレイ医科大学，タフツ大学，ミシガン州立大学，ハワイ大学などの医学部でもPBLへの移行がなされました[★8]。

情報処理理論によれば，医学部におけるPBLの有効性は明らかです。なぜなら，情報処理理論の核となる概念は，学習環境が

・すでにもっている知識を活性化し，新しい学びを促進する。
・将来その知識が本当に必要となるような状況に類似している。
・学習者が記憶した事柄を，実際の場面で応用できる可能性を高める。

ということだからです。

医者になろうと勉強している人にとって，学習者として没頭すべき役割は

***チューター**：小グループごとの個別指導者。同じ学科の大学院生が務めることが多い。

「医師」，問題をはらむ状況は「患者の治療」，というようにはっきりしています。学習の状況と現場の状況は直結しているのです。医師の役割を与えられ，患者のニーズにこたえようと努力する学生は，将来実際に患者のニーズにこたえる医師になるはずです。学生はこのような方法で学ぶことによって，得られた知識を将来的確に呼び起こし活性化させるための手がかりを，自分の中に大量に蓄積するのです。情報処理は，効率的で有効な情報へのアクセスと情報の流れです[★94]。もちろんこの学び方を用いたからといって，実際に医師になったときの，患者への励ましやカウンセリング，治療などの際に生じる曖昧さや不確かさがなくなるものでないことは言うまでもありません。

2. 幼稚園から大学におけるPBLのあり方

幼稚園から大学におけるPBLは，学習への動機を高める方法や，本書で述べるPBLの心理学的基礎という点で，医学部におけるPBLとは著しく異なっています。幼稚園児から大学生まで，先に述べた医学部生と同じように，学んだことを思い起こして現実に応用していってほしいのですが，学んだことが自分の将来に直結するわけではありません。彼らは将来，教師になるかもしれませんし，エンジニア，秘書，プログラマーになるかもしれません。もしかしたら医者になるかもしれません。それは私たちにはわからないのです。にもかかわらず私たちは，彼らに自分の未来に目を向ける準備をさせるよう託されています。彼らが初めて教室に入ってくるとき，彼らがどのような知識をもち合わせてやってくるのか，私たちにはほとんどわかりません。そのため私たちは，以下のような問いかけに自分で答えながら，学習者のさまざまな認知的活動を促進させる必要があります。

・学習者が教室にもち込むものは何だろうか？
・学習者はもち込んだもので何をするのだろうか？
・学習者が教室を出る際にもっていくものは何だろうか？

言い換えると，学習者は，行動しかつ思考しなければならないのです。デイビッド・パーキンス[★94]が指摘しているように，「もし学習者が，積み上げてきた知識を使って思考する習慣を身につけていないようなら，知識はもっていないも同然です」。そのような思考ができるようになるためには深いレベルでの理解が必要で，深いレベルでの理解を得るためには問題や課題について継続的に思考しなければなりません。そして，知識の中に複雑な関連性を構築しながら，さまざまなアイディアを検討したり，認識の誤りを明らかにしたりしなければならないのです。このような観点から見ると，学習の過程で新たな学び（つまり，知識や深いレベルの理解，および学び方）を身につけ，それらを統合することによって，学習者は，知識をもつ者，実践する者，思考する者となるのです。

J. G. ブルックスとM. G. ブルックス★26はその著書で，構成主義的アプローチの条件として，グリーンバーグ★59の優れた問題解決の場が満たす四つの基準を引用しています。

・学習者が検証可能な予測を立てている。
・学習者に必要な素材がすぐ利用できるか，あるいは簡単に入手できる。
・状況が十分に複雑で，いろいろなアプローチが可能で，いくつもの解決策をつくることができる。
・学習者間の協働的な取り組みによって，問題解決のプロセスが活性化されている。

ブルックスとブルックスは，このグリーンバーグの四つの基準に，「与えられた問題の状況と実際の世界との関連性を学習者が理解する。この関連性は，学習者が自然に気づくものでもよいし，教師が提示してもよい」という関連性の基準を付け加えました。「次々と関連性が現れてくるような問題を設定することは，構成主義的教育学の指導原理なのです」★26。

3. 構成主義としてのPBL

教育に携わるさまざまな専門家からなる組織やグループの取り組みによって，構成主義的な枠組みの中での，カリキュラムのあり方や学習の成果が明らかになりました。構成主義の枠組みは，学習者と関連のある課題を彼らに提示し，学習開始時点でもっている初期概念の周囲に新たな学びを構築するというものです（たとえば，科学の分野では，全国理科スタンダード★90や科学的素養に対する評価基準★7を参照のこと)。また，他の研究グループによって，基礎的なスキルや個人の資質においてだけでなく，問題解決や根拠の明確化あるいは学び方の理解などの思考スキルにおいても，能力を高める必要性が明らかになりました★129。

教育界がこのような大規模な変化を受け入れるとすれば，教育システム全体を変更しなければなりません★103。今世紀初頭，雇用主は法令を順守し労働者は与えられた任務さえ十分にこなせればそれでよいと考えられていたころは，官僚的で中央集権的で階層的な教育システムがぴったりでした。しかし情報化時代となった今日，人々は民主的な組織の中でチームを組んで働くようになり，個人としての主体性をもち，他者とのつながりを理解して任務を遂行することが求められるようになってきたことは，社会学者の間ではもはや常識となりつつあります。ライゲルースは，情報化時代における教育システムの新たな特徴として，協働的な学び，思考スキル，問題解決スキルと問題解決の意味づけ，コミュニケーション・スキルを挙げています★103。情報化時代における教師には，講演会の講師や反復学習の指導者というよりはむしろ，学びのコーチあるいはファシリテーターという役割を果たすことが求められています。そして，PBLのもつ特徴は，これらの特徴とほぼ一致するのです。

4. 構成主義の理論と実践の概要

アメリカが進歩主義の時代にあったころ，デューイは，学習者に学びを意味づけさせ問題解決に取り組ませる本質的な方法として，学習者自身に関連のある現実的な問題に取り組ませることを提唱しました★43。彼は，学びは地域コミュニティーを背景にして設定されるべきである，という信念をもっていたのです★44。近年，私たちが授業で実践している，開いた探究*を基盤として学習者の活動を中心に据えた統合的なアプローチに対する関心が高まってきています。この種のアプローチを用いる教育はしばしば，構成主義と呼ばれています★26。

*開いた探究：一つの正しい答えしかないというものではなく，受け入れられる結果が何通りも得られるような探究。

(1) 構成主義の理論

構成主義は，人々がどのようにして物事を理解したり知ったりするのかについての哲学的なとらえ方です。知識が学習者の頭の中に構築されるという考え方は，決して新しいものではありません。この概念の特徴を最もよく表現しているのはおそらく，哲学者リチャード・ローティー★106でしょう。ローティーは知識を，現実世界の表現，すなわち知識と現実のマッチングとしてとらえるのではなく，むしろ，個人の手の届く範囲での経験の中で，その人の身の丈に合った概念構造の集合体としてとらえました。言い換えれば，個人の知識は，ちょうど鍵が錠に合うように，世界に「合う」のです★19。私たち一人ひとりが，世界を意味づけることによって自分自身の鍵をつくり上げ，その鍵を使って，みんなに与えられた一つの同じ錠を開けることができるということです。

教育における構成主義理論は，ジョン・デューイとジャン・ピアジェの業績に始まります。学習者が自分自身の知識を構築するという考え方をもとに，デューイとピアジェは，学習活動を引き起こす刺激は認知的対立の経験すなわち「困惑」である，と強く主張しました★113。デューイは，学びは，単に仕事に向けた準備ではなく，人生全体に向けた準備である，と論じました。彼は，学びは学習者の関心の周囲に構築されるべきものであり，さらに，学びはある課題を解決することに関心をもつ学習者の積極的な努力である，と提唱しました。またピアジェは，学習者のもつ思考方法や思考の枠組みが学習者の期待するものを生成するのではなく，むしろ混乱を生じさせるときに，今までの理解が変化しそこに学びが生じる，と提唱しました。混乱（困惑）が，適応（認知的変化）と新しい平衡感覚へとつながるのです。

認知的変化はしばしば，理解の仕方が違う学習者との相互作用からもたらされます★133。このような社会的相互作用は，自分の現在の理解の仕方を確かめさせてくれると同時に，自分のものの見方に対して検討を迫ることもあります。そしてこの相互作用が，私たちが世界の意味することを理解し，その中で自分の役割を果たすのを助けてくれるのです。たとえばある子どもが，砂糖をお湯に溶かしたのを見て「砂糖は消えてなくなってしまって味しか残らない」ととらえたとしましょう。砂糖と水について体験したこの現象について，もっとうまく説明できる，根拠の明らかな新しい仮説を自分でつくり上げない限り，このとらえ方はその子の中にいつまでも居座り続けることになるのです★19。

(2) 構成主義的教育モデル

> 何らかの刺激や夢中になれることを求め，大切にされたいと願い，そして自分のしていることの意味が見つかることを期待して，毎日，何百万人もの学習者が学びを求めて学校にやってきます。そんな学習者を相手に私たちは毎日，教育者として彼らを刺激し，やる気を引き出し，彼らの心を意味のある活動に向かわせ，重要な課題について考えさせ，彼らの世界の中に新しい理解を構築させようとしています。そうすることで初めて，教師も学習者も，価値ある成果を手にすることができるのです。
>
> J. G. ブルックス＆ブルックス★[26]

学びの構成主義モデルにはさまざまなアプローチがありますが，多くの人々の研究から，構成主義的アプローチは次のような特徴をもつことがわかっています。

- 学習者にとって意味のある広範な役割や問題を学びの中心に据えること
- 学習者が事前にもっている知識の周辺に新たな学びを構築すること
- 複雑で現実的な状況の中で学習者の学びを支援すること
- 学習者の視点を探り，把握すること
- 自己評価が組み込まれた授業で学ぶ学習者を評価すること
- 認知的コーチングの手法を用いて，学習者の思考を支援し，彼らの意欲をかき立てること
- 異なる見方に対して学習者が自らの考えを検証するために協働的にグループ活動を行うよう促すこと
- はじめに与えられた情報源とは異なる新たな情報源も積極的に活用するよう促すこと
- 学習者からの疑問やアイディアを取り上げられるようにカリキュラムを柔軟に運営すること

一例として，ある高校での構成主義に基づいた社会科の授業を見てみましょう。1980年代のアメリカにおける社会政策がアフリカ系アメリカ人に与えた経済的・教育的影響をテーマとしたPBLの授業を設計する際に，担当教師はこ

れらの特徴をいくつか利用しています★25。生徒たちはこの授業で，教科書を読む代わりに国勢調査の報告書をインターネットから入手して読み解き，社会政策について自分たちなりの仮説をたてるよう求められました。PBLの授業では，生徒の学習活動を刺激し，学習する意義を感じさせるために，歴代アメリカ大統領の特徴や20世紀におけるペストのデータなどさまざまな項目について，国勢調査の統計資料などさまざまな資料を用いることがよくあります。

5. 構成主義とPBL

PBLは，構成主義的な学びの場として最もよいモデルの一つです★113。学習者を引きつける構造化されていない問題のシナリオの設計については第４章で詳しく述べますが，その設計自体が構成主義の原理のいくつかを体現しています。J. G. ブルックスとブルックス★26は，問題を中心においたこのような学びの重要性を以下のように強調しています。

> 教師からの問いかけの仕方が，それに答える学習者の思考の深さに大きく影響することがわかりました。自分との関連性が次々と見えてくるような課題を与え，学習者の思考をうまく観察できるように工夫することで，教師の役割や授業のプロセスについて，今までとはまったく違った枠組みをつくり出すことができます。この枠組みは，教師が現在もっている資質に付属品として単に付け足せるようなものではありません。教師としての資質を構成する教え方の基本要素なのです。

幼稚園から大学までのPBLの授業では，教師はコーチの役割を果たし，学習者は積極的な真の学習者となり問題解決者となることが必要です。教師が認知的・メタ認知的ふるまいや態度をモデルとなってしっかりと示しながらコーチすることで，学習者は学び方を学び，問題解決を通した学びが活発になるのです。フォン・グレーザーズフェルドは，問題解決に向けて自分で考えることが満足感につながることを学習者が体験することで，それがさらなる学びへの動機づけとなる，と指摘しています★134。

6. まとめ

PBLは，カリキュラム，授業，評価のための力強い教育方法として，体験学習の理論や哲学の中に，あるいは大学レベルにおける専門職教育の実践の中に，しっかりとした土台をもっています。このことをふまえて，次の章ではPBLについてさらに詳しく述べ，実際のPBLの授業における教えと学びの活動について，PBLの設計と実践全般について考察することにしましょう。

第4章

PBLのモデル

過去８年間，私たちはPBLの授業やコースを設計し開発しながら，その経験を世界中の教育者やPBLの専門家と分かち合い，幼稚園から大学までの教育におけるPBLの効果を把握し評価する研究に携わってきました。現在，著者のうちの一人は民間企業へ，もう一人は大学へと移りましたが，私たちは今もPBLに深く関わり，多くの教師や学習者とともに活動し続けています。これらの取り組みをとおして私たちの考え方が認知されるようになり，学校現場において実践されているPBLも広く理解されるようになりました。設計と実践というPBLの重要なプロセスは，構成主義的モデルとよく合致しています。この章では，それらがどの程度合致しているのかを明らかにしながら，PBLの授業における教えと学びの活動の概要について述べることにしましょう。

1. PBLにおける教えと学びの活動

PBLの授業における教えと学びの活動は，学習者が積極的に学べるように，そして教師にとっては授業がうまく進められるように，足場*を配置し設計することです。これらの活動によって，学習者は問題をはらむ状況の中に自ら学ぶべき重要な課題を発見し，現実に即した適切な方法で問題解決をやり遂げることができるようになるのです。個々の活動は厳密なものでも決まりきったものではありませんし，それらの配置の順序も決まっているわけではありません。学習者は探究を深める中で，PBLのプロセスのうち，特に問題記述の明確化と，

*足場：次の段階に進むための支援（発達の最近接領域での支援）。「足場」をかけることにより，一人ではできなかったことが，やがて支援なしにできるようになる。

情報収集・共有を何度も行うことになります。私たちの仲間の一人は，この繰り返しのプロセスを「タマネギの皮むき」にたとえています。

> 問題の探究が深まるにつれて，学習者は問題について今までとは異なる新しい情報源を見つけ出し，知識の基盤を充実させます。もちろん，学習者は問題解決のどの段階で探究をやめて解決策を示してもよいのですが。コーチとしての教師の仕事は，簡単な問題記述で満足させず，タマネギの皮をむき続けさせることなのです。
>
> ホリスター先生
> （IMSA社会科教師）

ホリスター先生のコメントには，コーチの役割を担う教師がPBLにおいて果

▼ 図4.1　PBLの単元のテンプレート（例）

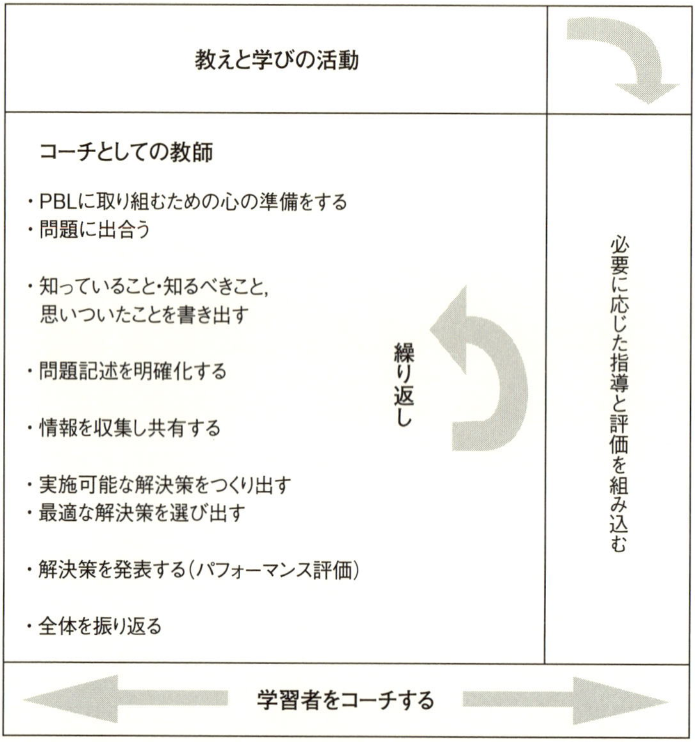

<table>
<tr><td>教えと学びの活動</td><td></td></tr>
<tr><td>コーチとしての教師

・PBLに取り組むための心の準備をする
・問題に出合う

・知っていること・知るべきこと，
　思いついたことを書き出す

・問題記述を明確化する　　繰り返し

・情報を収集し共有する

・実施可能な解決策をつくり出す
・最適な解決策を選び出す

・解決策を発表する（パフォーマンス評価）

・全体を振り返る</td><td>必要に応じた指導と評価を組み込む</td></tr>
<tr><td colspan="2">学習者をコーチする</td></tr>
</table>

Torp & Sage (1998), p.34. © 1996 Illinois Mathematics and Science Academy, Center for Problem-Based Learning, Aurora, IL. より

たすべき重要な役割を見てとることができます。第2章で述べたように，PBLは，カリキュラム編成と指導法という車の両輪ともいうべき二つの相補的プロセスからなる教育モデルです。図4.1に，PBLの基本となる教えと学びの活動を含めた流れの一例を示します。

この章では，都市近郊での蚊の異常発生の問題を取り扱ったPBLの授業を具体例として取り上げて，PBLの授業における教えと学びの活動を説明します。この問題は元々は教員研修向けの模擬授業としてつくられたものですが[★33]，中学校や高校の現場でも実際に使われています。最近ではこの授業は，古タイヤ集積場周辺でのヤブ蚊の問題や，ニューヨーク都市圏での蚊の問題を扱えるように改変されて用いられています。私たちは，学習者に与えられる役割・状況と問題記述の明確化が探究や解決策づくりを促すと信じ，それらを中心に据えて問題を設定します。

2. 役割と状況

このPBLでは，センター郡（架空の郡）で蚊が大発生し，センター郡の最高行政官*リチャード・クラークが，郡の害虫駆除局に対してこの問題への対策を講じるよう指示します。生徒たちは，害虫駆除局に助言する審議会の委員に選ばれた地域住民の役割が与えられ，蚊の大発生の原因についてさまざまな可能性を検討し，実施可能な解決策について調査する任務を受け持ちます。

【 予想される問題記述 】

審議会の委員として蚊の大発生の原因を特定し，保健衛生面，社会面，環境面，政治面そして財政面などあらゆる関連要素を考慮した実施可能な解決策を提案するには，どうすればいいのだろうか？

3. PBLに取り組むための心の準備

目　標	学習者が PBL に没頭できるよう支援する。

*__最高行政官__：市町や町長や議員が選挙で選ばれる政治家なのに対して，最高行政官は任命されて就任する行政職員のトップのこと。

学習者への支援のあり方は，その学習者の年齢や興味関心，これまでの経験，あるいは取り扱う問題の性質によって異なります。教師がPBLの授業で学習者を支援している様子を，いくつかの事例をとおして見てみましょう。

ある小学校では，セロリの茎を色水に挿して吸収させ茎の色の変化を見るというような，子どもたちが自分で観察して議論できる植物を用いた実験をいくつか設定しました。読書コーナーに植物に関する本を置き，「私は何を知っているのか？　私は何を知りたいのか？　私は何を学んだのか？」を明らかにする方法（KWL法*）を使って，「これから植物をしっかりと育てる勉強に取り組むんだ」という子どもたちの気持ちを高めました。

ある中学校では二人の教師がティーム・ティーチングでPBLの授業を担当していたのですが，毎年PBLの授業が始まる前に，ティーム・ビルディングやクリティカル・シンキング**の力をつける活動や創造力を高める演習などを行うことで，生徒たちの事前準備をしました。複雑で時間のかかるPBLの前に，生徒たちと一緒に，シミュレーションや2，3時間でできるような小さな問題解決を体験する時間をとっている教師もいます。

この準備段階で，これから取り組む問題の内容を教えてしまってはいけません。問題を解いていく過程で内容やスキルを学びとるという点が，PBLが他の体験型学習と異なるところなのです。問題に取り組む間に学習者が出合う内容やたどるプロセスに言及するかどうかも含めて，どのような準備をどの程度行うのがよいかは，学習者のニーズや経験，スタンダードをもとに決められるべきです。すでにPBLを数回体験している学習者には，問題に出合う前に特別な準備は必要ないかもしれません。

蚊の大発生の問題を扱うPBLに向けての準備としては，たとえば以下のような活動が考えられます。

・生徒たちを小グループに分け，自分たちが過去に取り組んだことのある問題について振り返り，問題に出合ったときに使える問題解決のプロセスに

***KWL法**：“What do I know? What do I want to know? What have I learned?” の意。
****クリティカル・シンキング**：批判的思考と訳される場合もあるが，「批判的」のとらえ方が理解を妨げるおそれがあるため，本書ではクリティカル・シンキングと表現する。定義は人により異なるが，目的や状況を明確にする，自分の思考バイアスに気づく，根拠を明確にするなどの要素は共通しており，それらをとおして，物事を鵜呑みにせず，大切なものを選び出し，大切でないものを排除できる判断力をもつことといえる。

ついてブレイン・ストーミングを行う。
・宇宙飛行士が宇宙船の酸素タンク爆発の危機に遭遇する映画『アポロ13』のビデオクリップを観る。

4. 問題との出合い

目　標	学習者が問題に対して当事者意識をもてるよう支援し，問題解決に取り組みたくなるよう動機づける。

PBLでは，学習者に学習者以外の役割（たとえば，技術者，コンサルタント，あるいは問題に関心を寄せる市民の役割）を与えることで利害関係や問題解決への動機をもたせ，問題に本気で取り組むように促すことがよくあります。実際にその問題に関係しているのは誰なのでしょうか？　何らかの解決策が実施されたとして，得をしたり損をしたりするのは誰なのでしょうか？　そのような人の役割を学習者に与えるのです。

学習者と問題との出合いの場をうまくつくり出し，彼らを問題に引きつける方法にはいろいろあります。よく使われる方法は，問題をはらむ状況の中で学習者に与える役割が記してある，本物そっくりの手紙や文書を渡す，という方法です。この文書によって，問題が簡潔に紹介されると同時に，必要な情報が与えられることで，彼らは問題の明確化に向けた最初の一歩を踏み出すのです。

学習者に問題を提示するもう一つの方法としては，たとえば自宅の花壇で草花がうまく育たないのはなぜかをつきとめる手助けを小学生に依頼した校長先生のように，抱えている問題を解決するのを手伝ってほしいと学習者に頼んでくれる人を探し出して協力を依頼する，というやり方もあります（第１章参照）。また，問題を紹介するために寸劇をすることもあります。たとえば，攻撃的な性格の遺伝的な要因に関する問題を中学生に提示するために，生徒二人に遺伝に詳しいコンサルタントの役割を担ってもらい，最後には悪口の言い合いになるほどにエスカレートする熱の入った議論をしてもらう，というような寸劇を他の生徒たちに観てもらうというやり方が考えられます。ビデオクリップや新聞記事，公的機関からの通知，あるいは留守番電話に残されたメッセージなどを使うのも効果的でしょう。

ここで例としている蚊の問題では，生徒たちは図４.２にあるような指示書

▼ 図4.2　問題との出合い：蚊の問題に出合うための「指示書」

将来の明るいビジョンのある自治体
イリノイ州センター郡

センター郡最高行政官
リチャード・C・クラーク

指　示　書

日付　1997年7月10日
宛先　センター郡害虫駆除局スタッフ
発信元　リチャード・C・クラーク
題名　蚊の異常発生について

添付の新聞記事からもわかるとおり，センター郡の住民が，おそらくは過去最大の蚊の異常発生に悩まされています。通常の害虫駆除のやり方では，今回の大発生を抑制するには効果がないことがわかっています。この異常発生の原因を究明し，適切な解決策を提案してください。1997年7月17日の午後に，結果を聞かせてください，それまでに，私は皆さんの提案する最善策を実施するために必要な追加予算の獲得に向けて州当局との交渉にあたります。

Torp & Sage (1998), p.37. 資料：Center for Problem-Based Learning (1996c). より

をとおして問題に出合いました。

5.「知っていること」「知るべきこと」「思いついたこと」を書き出す

目　標

- 問題について「知っていること」「知るべきこと」「思いついたこと」に目を向けるよう学習者を支援する。
- 学習者がすでにもっている，問題に関連性のある知識を活性化させる。
- 問題解決に必要な情報を集める準備を始めるためのきっかけを提供する。

この活動によって，学習者は問題となっている状況を理解できるようになります。そしてこの理解をもとにして，彼らは問題について調査を開始し，最後には受け入れ可能な解決策の提案に至るのです。この段階で教師は，学習者が

▼ 表4.1　蚊の問題に関する「知っていること」「知るべきこと」「思いついたこと」

知っていること	知るべきこと	思いついたこと
・センター郡における蚊の異常発生の原因を究明しなければならない。 ・1週間以内に解決策をつくらなければならない。 ・蚊は，最大30～40マイル移動できる。 ・今年の降水量は平年並みである。	・郡全体の地理。 ・蚊がこの地域固有のものかどうか？ ・蚊が増える条件。 ・予算。 ・最近，排水路の位置が変更されたか？	・蚊の発生している地域には，たくさんの水たまりがあるのではないか？ ・倒木のような自然現象で水たまりができたのではないか？ ・突然変異や適応によって，蚊が殺虫剤に耐性をもったのではないか？

Torp & Sage (1998), p.38. より

それまでの経験や問題との出合いから得た知識を探り出すようにコーチします。彼らはこの情報を，「知っていること」欄に書き留めます。「知るべきこと」は，もっと情報を集める必要があると彼らが考える事柄です。多くの場合，「知るべきこと」欄に書かれる事柄は，最初の情報収集の原動力となります。「思いついたこと」は，情報のありかをつきとめる方法や，問題が発生した原因や実施可能な解決策について彼らがはじめに得た直感に関連することが多くなるでしょう。「知っていること」欄や「思いついたこと」欄に書き出された事柄は，学習者が新しい情報を集めるための手がかりとなります。探究活動の中で学習者はこのリストづくりを必要なだけ何回も繰り返すことになります。表4.1に，蚊の問題に取り組んでいる途中で作成されたリストの一例を示します。

6. 問題記述の明確化

目　標　学習者が，①出合った状況の中で最優先すべき課題や問題を書き出し，②優れた解決策であれば解消すべき対立点を見つけ出すよう，支援する。

問題記述では，「～という条件の下で，どうしたら私たちは～できるだろうか？」という問いかけのひな形を使うことがよくあります。この形の問いかけを書くことで，問題とそれが満たすべき条件をひとまとめにして導き出すことができるのです。問題がどのようなもので，私たちがコントロールできる範囲はどこまでなのかを知ることなしには，問題解決は困難ですが，これは私たち

が日ごろ仕事や家庭生活の中でよく経験していることです。

蚊の問題に取り組んだあるグループの最初の問題記述は以下のようなものでした。

以下のことに配慮しながら，どうしたら郡内の蚊の個体数を平常値まで引き下げる方法を見つけることができるだろうか？

・環境への影響に配慮する（生存率，生物多様性，生息数）
・健康へのリスクを軽減する
・問題の再発を防止する
・経費を適切におさえる

▼ 図4.3　蚊の問題についての図解の一例

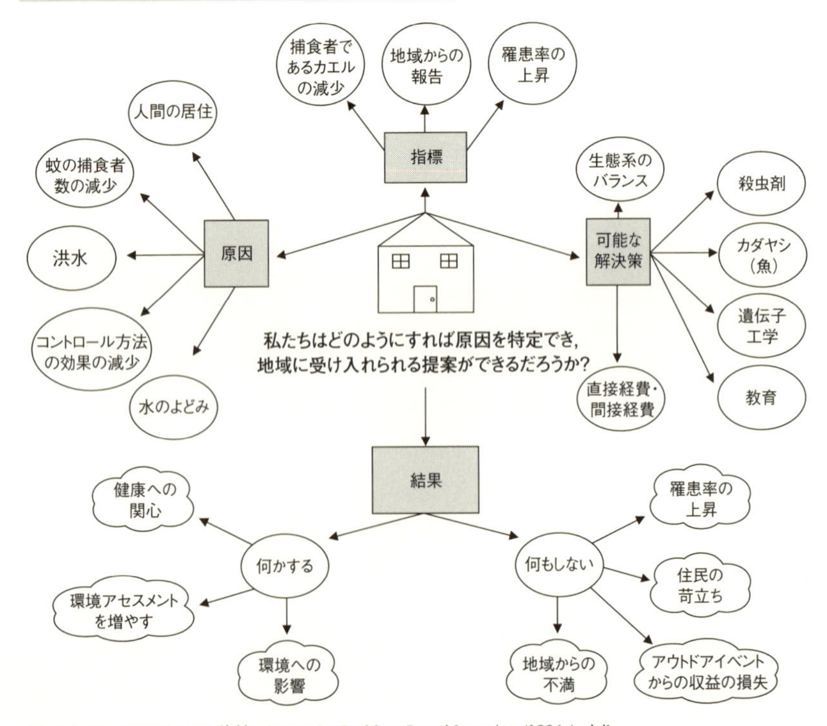

Torp & Sage (1998), p.39. 資料：Center for Problem-Based Learning (1996c). より

実施可能な解決策に求められる条件は，しばしば対立するものです。コスト面では有利な殺虫剤が，健康や環境に対しては受け入れがたいリスクを抱えている可能性は十分にあります。また，あるレベル以下まで健康リスクを減らすことは，そもそも不可能なのかもしれませんし，経費が予算枠を超えてしまうかもしれません。

問題に対する理解に変更を加えなければならないような情報が集まり，グループ内で共有された時点で，問題記述を再検討し変更する必要が生じます。たとえば，このグループはこのあと，問題記述を再検討し，「どうすれば，私たちはセンター郡内の蚊の数をコントロールできるだろうか…」という記述に変更しました。この内容は，先の「郡内の蚊の数を正常値まで引き下げる」という最初の問題記述の内容とはかなり違っています。

問題に対する理解が深まり，潜在的な原因や解決策，因果関係に対する見通しがついてくれば，問題を図解することができるようになります。図４.３は，蚊の問題についての図解の一例です。文章で事柄の間のつながりや潜在的な因果関係をはっきり示すことは難しいことですが，図解を用いればつながりや因果関係をわかりやすく示すことができるようになります。

7. 情報の収集と共有

目　標

- 学習者が自ら，効果的な情報収集・共有・解釈の方法を考え，それを実際に用いるよう支援する。
- 問題の理解に対して新しい情報がどう役立つのか，また，その情報が理解を深めるために役立ったかどうかをどのように評価するのか，を理解するよう支援する。
- 効果的な問題解決に役立つような学習者間の意思疎通や協働学習が活性化するよう支援する。

この段階では，重要だと思って選んだ「知るべきこと」が共通する学習者同士で３～５人のグループ（専門家グループ）をつくり，協働して活動するのがよくあるやり方です。そして情報収集が完結した時点で，それぞれの専門家グループから一人ずつ集まって新しいグループをつくり，収集した情報を新しいグループ内で共有するのです。このようなグループの組み換えを「ジグソー」

といいます。この活動はPBLにおいて最も重要なステップの一つで，問題の複雑さの程度にもよりますが活動のほとんどの時間をここに費やすことになることも多く，最も高度なコーチングや問いかけのスキルが求められる場面です。私たちは，個々の学習者が個人的に問題のどの側面を深く探究しているかに関係なく，すべての学習者に，状況全体とその状況に内在する問題についての包括的な理解に到達してほしいのです。ふつうは，学習者が適切な新しい情報をこれ以上見つけられなくなった段階で，あるいは時間的な制約によって彼らがその時点までで得た情報をもとにして解決策の作成に入らなければならなくなった段階で，この活動は終了となります。

情報の収集や共有を行う際に教師が注意しなければならない場面が二つあります。一つ目は，学習者が情報を探し当てるのに困難を感じている場面で，二つ目は，初めてPBLの授業を受ける際によくあることですが，関係がなさそうな大量の情報の海におぼれそうになっている場面です。たとえば，電話で専門家に問い合わせたり，肥料の価格情報を尋ねたりしたことがまったくない学習者もいるかもしれません。インターネット上のどこに大量の情報があるかをつきとめながら，最も重要な情報がどれだかわからない学習者も出てくるでしょう。もしかしたら，情報収集などまったくしないで，グループ内で誰がどの作業を分担するかを議論しているだけかもしれません。

PBLを何度か経験することで，教師は学習者にこれらの困難を乗り越えさせるようコーチする方法を学び，学習者は，情報収集や情報共有がうまくいったかどうかという観点で，自分自身やグループの取り組みを評価する方法を学びます。問題記述に焦点を当て続けることは，どのような情報が必要であり，最も価値があるのかを決めるのにとても有効です。

蚊の問題についてのPBLでは，生徒たちは具体的には以下のようなことに取り組んでいます。

- インターネットで得られる蚊の種類についての情報や，害虫駆除局が提供する蚊の駆除法についての情報を読み解いて議論する。
- 害虫駆除局のパンフレットと蚊の駆除に関する州のマニュアルを入手し，地方自治体や州の蚊に対する方針を調べる。
- 生物学的な駆除法の有用性について対立する見方があるように，情報源によって物事のとらえ方が異なることを理解し，利用する情報源の信頼性が高いかどうか，今回の問題解決に適切かどうかを判断する。
・影響の出ている地域の人口推移や土地利用など，地域の実態について質問する。

8. 実施可能な解決策の作成

目　標	学習者が，自ら見出した問題の解決に向けた実施可能なすべての選択肢を明確にするよう支援する。

この段階で学習者は，問題記述，特に問題解決に必要な条件に立ち戻り，収集した情報に基づいた解決策を複数提案することになります。実施可能な解決策をつくり出すために役立つツールの一つに，意思決定マトリックス*があります。表4.2に，蚊の問題についての意思決定マトリックスからの抜粋を示します。

▼ 表4.2　蚊の問題についての意志決定マトリックスの例からの抜粋

方　法	長　所	短　所	結　果
啓発活動 ・無料の公共サービス広告 ・地域のいろいろな団体に伝える。 ・プレスリリース ・内容としては，健康の問題(リスク)，予防，支援，現在の治療法など。	低コストである。 州政府からの追加予算が利用可能である。 寄付 確かな情報を持つ市民 人命救助	当局が十分に取り組んでいないと捉えられるおそれがある。 不安が残る？ 関心がない？	市民の考えや行動に変化をもたらす。 蚊に関する問題を減らすのに潜在的に役立つ。 環境システムをより大きなものとして捉え，理解するように市民を啓発する。
殺虫剤散布	州政府からの追加予算が利用可能である。 寄付	高コスト 安全性？	?

Torp & Sage (1998), p.41. より

*意思決定マトリックス：縦軸と横軸に重要項目をリストアップして，比較しやすいようにしたもののこと。ここでは，縦軸は，異なる解決策をリストアップし，横軸は，それらの長所，短所，結果などをリストアップし，相互に比較しやすいようになっている。

9. 最適な解決策の選定

目　標	学習者が，しっかりとした考え方をもとにして，個々の解決策がもたらす利益や結果を評価するよう支援する。

この活動における学習者の目標は，問題記述の中に示されている条件を満たしながら，それまでの成果を最も受け入れ可能な形で取りまとめることです。これは，広く一般に支持され受け入れられる解決策をつくり出すためにきわめて重要な活動です。クリティカル・シンキングに関する文献★[82, 92]によれば，結論を導くために用いるしっかりとした基準や文脈，自己修正力，明確な論理性が優れた判断を裏打ちし，その優れた判断が熟練した信頼できる思考を生み出すのです。学習者は，ニーズとリスクのバランスを取りながら，選択肢の受け入れ可能性を評価し，どの解決策が理想的な解決策に近いのかを考えなければなりません。

蚊の問題では，啓発活動，薬剤散布あるいはさらなる調査研究を含むいくつかの実施可能な解決策が評価の対象となりました。問題に最も適する解決策はここに挙げた三つの解決策を組み合わせたものである，という結論に至ったグループもありました。

10. 解決策の発表（パフォーマンス評価）

目　標	知っていることは何で，それをどうやって知ったのか，知ることがなぜ誰のために重要なのか，ということを学習者が効果的にはっきりと示せるよう支援する。

教師は，学習者がこれまで相談に乗ってもらった外部の専門家や，問題に関する知識をもっている人々に声をかけ，学習者が解決策を発表する場で提案内容を評価したり解決策の前提に疑問を投げかけたりしてもらうための審査委員会の委員を努めてもらうように手配することもよくあります。たとえば，ある中学校の「敷地内のプレーリー（草原）が，一応保護されてはいるものの，手入れが十分になされていない」という問題を扱ったPBLでは，発表の場として，

設計当時の造園技師や自治体の営繕局の職員，企業経営者，教育委員会の委員などで構成する審査委員会を開催しました。そのような場では，クラスの各グループがそれぞれ（まったく違った）解決策を発表して，それぞれのグループの発表のあとで生徒たちが審査委員会の委員と質疑応答する，という形式がよく用いられます。PBLの授業のクライマックスとなるこの場面での評価は，教師と生徒が一緒に作成したルーブリック（評価基準表）によってなされることが多く，発表内容やプレゼンテーションスキル，チームワーク，解決策の妥当性などの観点から評価が行われます。

私たちのこれまでの経験によれば，このような発表の場面でも学習者は多くのことを学びます。この場で彼らは，他のグループが自分たちの考えもしなかったような詳細な内容や因果関係について述べたり，間違った情報を提供したりするのを見聞きします。さらに，初めてのPBL体験で想定もしていなかった質問が，審査委員会の委員から投げかけられます。このような体験を経て学習者は，より考え抜かれていて根拠がしっかりした解決策を発表する方法や，どの情報が最も重要なのかという利害関係者や聴衆の視点を考慮する方法を学ぶのです。発表に用いる視覚的な資料づくりや，その解決策を発表するに至った経緯についての説明も上達します。

蚊の問題についてのPBLでは，四つのグループに分かれた生徒たちは，（彼らにこの問題に取り組むように指示した）郡最高行政官の代理人に対して，それぞれ解決策を発表しました。そして，共通の評価基準を用いて各グループの解決策と発表の評価を行いました。あるグループの解決策は，以下のようなものでした。

> 私たちは，住民に対する啓発活動，殺虫剤の散布，さらなる調査研究の三つの組み合わせを最善の解決策としました。啓発活動は最もお金がかからず，新たな問題が発生するのを防ぎ，地域住民を安心させ，住民に害虫駆除局の駆除に対する方針や取り組みを知らせることのできる，おそらく最も効果的な方法です。また，今回の危機的状況の中では，州からの追加予算を使って，制限を設けながら殺虫剤を散布することも適切だと考えています。そして最後に，今回洪水でないにもかかわらず蚊が大発生した理由を明らかにするために，害虫駆除局職員によるさらなる調査研究も必要だと考えています。

一連のPBLの最後に行う発表会やポスターセッション，報告書は学習者の学びを評価するためのよい機会となりますが，それに加えて私たちは，授業の進行に組み込んで行う形成的評価の必要性も重視しています（第７章参照)。授業が進行する中で定期的に行われる評価は，現状報告書，利害関係者からの電話メッセージへの応答，マインドマップ，問題記述などいろいろな形式で行うことができます。どの形式を用いるにしろ，これらの評価によって学習者の学びの状況を把握する手がかりが得られ，授業の進行の途中段階で授業の流れを修正する必要性や，問題解決に取り組む中で彼らが直面している困難の原因が明らかになります。

11. 全体の振り返り

目　標	学んできたことをみんなで一緒に振り返り，新しく得た学びを今までの知識の枠組みに組み込んで定着させる。

学習者はそれまでの取り組みの中で使った手法の有効性について振り返り，今後新たな状況に遭遇したときに，今回の体験をふまえてどのように対応すればよいのかについて考えます。また，取り組んできた状況の中にある未解決の課題やさらなる探究を必要とする課題についても議論します。特に実際に自分たちの住む地域で起こっている問題の場合には，利害関係者がそれらの課題を解決していく様子を追跡調査することもあります。認知的手法とメタ認知的手法，すなわち考えることと自分の学びについて考えることは，ただ単にしっかりとした考え方を身につけるためだけでなく，その問題に個人的に熱中して取り組んできた学習者に成就感をもってもらうためにも重要なことです。学習者は，自分たちが提唱した解決策が問題解決に果たす効果が実際どのようなものなのかを知りたいのです。

さらに，これらの体験はスタンダードに基づく重要な学習成果を具現化しているのですから，私たちがしなければならないのは，体験で得た学びを意識レベルに引き上げ，それを知識の分野・領域の中に配置し，それらの分野・領域間のつながりを概念の糸を通して理解するのを手助けすることです。学習者はPBLによる体験を楽しむあまり，そこで得た学びを他の学習体験と切り離してとらえてしまうことが少なくありません。このつながりを明確にすることが不可欠です。PBLは，学校での勉強の合間の休み時間ではなく，学校における真

▼ 表4.3　蚊の問題用の振り返りシートとその記入例

1．この問題に取り組んだ中で，考えたこと，感じたこと，価値があると思ったことは何ですか？

・不十分でしかも矛盾するような情報しか与えられないし，時間も短い中で（まるで実生活と同じですね），複雑な問題について考えて解決策を見つけるのはとてもおもしろい体験でした。
・問題にどうやって取り組むかを決めるときに，受け取る情報の重要性について考えました。
・いろいろな種類の蚊について勉強し，蚊がどうやって刺すのか，どこに棲んでいるのかについて，たくさん知りました。蚊の問題の扱い方が地域によって違うことを学びました。私たち人間が身の回りの自然に対してしていることもだけど，私たち人間の無関心も，思っている以上に自然に大きな影響を与えているかもしれないことも学びました。
・もっともっとこの問題に取り組んで，もっと学びたくなりました。とっても楽しい授業方法です。

2．もっと知りたいことや疑問に思うことは何ですか？

・この問題が本当に起こったとしたら，私は授業の時と同じように考えるだろうか？　簡単そうに見えるたった一つの問題に，いったいどれだけの問題が隠されているのだろうか？

Torp & Sage (1998), p.43. より

の学びの時間なのです。

蚊の問題についての振り返りでは，私たちは全グループによる議論の場を設けて，PBLによる授業全体について議論し，学習者としての自分について学んだことを話し合いました。私たちは，PBL全体をとおして記録をとる，活動の記録（ジャーナル）*もつくりました。表4.3に，全体の振り返りについての記入例を示します。

12. まとめ

学習者は，PBLにおける教えと学びの活動をとおして，厳密な，しっかり考える，首尾一貫した，クリティカルなやり方で，自分と関連性のある問題をはらんだ状況のまわりをぐるぐる動き回っている知識をその手で捕まえて自分のものとし，自分なりの形に構築するのです。

私たちは，セイバリーとダフィー[★113]の「PBLは教育における構成主義モデルをよく表現している実例であり，学習者に現在と将来の人生に対する最善の準備を提供してくれる」という考え方に賛同します。次の章では，あなたがPBLのカリキュラム作成を開始する手伝いをしましょう。

***活動の記録（ジャーナル）**：ジャーナルは，通常の授業でとるノートと違って，自分の学んだこと，考えたこと，感じたこと，気づいたことなどを書き込むノートのことで，振り返りも含め，PBLをとおして取り続けるものである。

第5章

PBLカリキュラムの設計

前の章ではPBLの授業がどのように展開するかについて説明しましたが，この章ではその前段階であるPBLの設計方法，つまりPBLの授業をつくり出す方法について述べることにしましょう。

何を設計するのであれ，設計する際にははじめに，その設計に利用できる大切な要素は何かをしっかりと把握しておく必要があります。私たちのパレットの上には何が載っているのでしょうか。第一線で活躍している景観デザイナーである友人は，植物という素材を，色，質感，形という三つの要素を表現するものとして見る，と言います。そして，これらの要素の相互作用とバランスを意識しながら，それらを変化させ混ぜ合わせることで，一体感のあるデザインをつくり上げることができるのだそうです。私たちが PBL の授業を設計する際には，文脈（学習者と問題をはらむ状況との関わり），学習者，カリキュラムという三つの要素を意識しなければなりません。そして，授業がより一体感のある全体的な学びの体験となるように，これらの要素間の関係も意識しなければならないのです。それでは，文脈から話を始めましょう。

1. 文脈について

PBLでは，カリキュラムの設計や開発は通常，学習者が身につけてほしい知識，スキル，態度を明らかにすることから始めます。そしてそのために必要な手順の確認（タスク分析）とこれまでの経験をもとに，個々の授業や単元を，まとまりとつながりのあるものにつくり上げるのです。しかし，このことに十分注意していても，学習者に学びの一貫性や妥当性を与えるための文脈（関係性やつながり）を見落としてしまうことがよくあります。たとえば，熱帯雨林について学ぶ授業を設計する際に，植物相と動物相の授業から始めて，次にそれらが地球環境問題に及ぼす影響へと話を進めていくようなやり方だと，地元の文化や地域の経済発展，あるいは社会が植物相や動物相の破壊にどのように関わったのかという点を見落としてしまう可能性が高いのです。私たち教育者には，はじめは大部分の学習者がこのような複雑な相互関係に気づいていなくても，そのうち彼らは自らこの相互関係を見つけ出すはずだ，と考える傾向があります。しかし，そううまくいくものではありません。

PBLの授業を設計するときに私たちは，このようなやり方ではなく，問題をはらむ十分に統合された全体的な状況から授業を始め，問題のもつ本物の状況の中に潜んでいる学びの機会をとらえて，スタンダードに基づいた知識，スキル，態度を引っ張り出すのです。私たちは，理解の根拠の必要性を指摘した「実践の目的を達成する手段としての学習内容」*というグラント・ウィギンズの言葉を何度も耳にしてきました。PBLの授業は，豊富な知識やスキルなどを学ぶ機会を学習者に提供すると同時に，問題をはらむ状況に真に直面している人々や状況の中での成果に関与できる立場に学習者をおきます。彼らは，状況に適応し立ち向かい深く考え，自分たちと状況との関わり（文脈）と問題をはらむ状況の間を行き来しながら探索することで，「知る」を超えて「理解する」に至るのです。「だからこそ，PBL は設計の妙が生み出す優美な成果物なのです」★136。

2. 学習者について

文脈を伴ったカリキュラムを設計する際には，個々の学習者の学びの特徴や興味関心を注意深くとらえる必要があります。グループとしてあるいは個人として，学習者間の違いを生み出すものは何なのでしょうか？　私たちは，学習者の特徴のリストをつくり，定期的に更新していくことをおすすめしています。学習者の知識，スキル，発達段階，態度について，ある中学校教師が作ったリストを以下に例として示します。

---

* **「実践の目的を達成する手段としての学習内容」**：学習者が授業で身につける力（学習内容）は，学習者の実践の目的を達成するために用いる手段である，の意。実際に身につけた力を活用して実践し，その目的を達成することが，その力を身につけた（理解した）ことの根拠となる。

- 他人に頼りたくない。しかしまだ子どもらしさがあり，ヒーロー崇拝が強い。
- 社会に対して批判的である。
- 論理的思考力を向上させ，抽象的な概念を理解する段階に来ている。
- 新しい役割を照れくさがる。
- 仲間の個人的な状況をよく気づかうことができ，グループにうまく溶け込みたいと思っている。

あるオルタナティブ・スクール*の高校教師は，自分の生徒の一人に対して，はじめに以下のようなリストを作成しました。

- 従来の教え方には反抗する。
- 学校を刑務所のようなものととらえている。
- かなりの失敗を経験してきている。
- 学校で習ったことを実際に応用することができない。
- 実体験の価値がわかっている。

3. カリキュラムについて

PBLの授業を設計する前に，教える内容に対する優先事項を決めておく必要があります。単元やコースから得られる学習成果と目標とするスタンダードについて考えてみましょう。あなたやあなたの学校が高く評価し，そのために授業時間を割くことのできる，知識，スキル，態度についての学習成果は何ですか？　イリノイ州のある小学校高学年担当教師の準備した学習成果リストを次に示します。私たちはリストの各項目に，目標となるスタンダードに基づいた学びの機会がしっかりと含まれていることを明示するため，イリノイ州のスタンダードの中から該当する部分を引用して書き加えました。

・生物多様性，経済的影響などの課題を理解する。

理科の目標12：生命科学や自然科学，地球・宇宙科学の基本的な概念や原理，関連性を理解する。

***オルタナティブ・スクール**：従来とは異なる教育方法やカリキュラムを採用している学校。

スタンダードB：生物が他の生物や環境と行っている相互作用を説明するための概念を，理解し応用することができる。

・実験を設計し，実施する。

理科の目標13：生命科学や自然科学，地球・宇宙科学の基本的な概念や原理，関連性を理解する。

スタンダードA：科学の慣習を理解し，応用することができる。

・グラフを利用して可能性を図示し，データを解釈する。

算数の目標10：統計的手法を用いてデータを収集し，まとめ，分析する。さらに，それをもとに結果を予測し，確率の概念を使って不確かさを理解する。

スタンダードA：手元にあるデータをまとめ，説明し，予測をたてることができる。

スタンダードB：質問をつくり，データ収集方法を考え，実際にデータを収集・分析して調査結果を伝えることができる。

スタンダードC：事象の確率を求め，説明し，応用することができる。

・発表会で，聴衆と効果的なコミュニケーションを図る。

国語の目標 3：さまざまな目的に応じて意志疎通するための文章を書く。

スタンダードA：文法，綴り，句読点，大文字の使い方，構文を正しく用いることができる。

スタンダードB：与えられた目的と相手に合った，構成のしっかりとした論理的な文章を書くことができる。

スタンダードC：さまざまな目的を達成するための文章を書き，考えを伝えることができる。

・自主的な学習方法を身につける。

イリノイ州の「学びの応用」には，複数の教科にわたり，さらにそれぞれの教科の重要な学びを強化するような，応用的な学習スキルが取り上げられています。これらのスキルを習得することは，学校のみならず将来の職場などさまざまな場面での成功につながります。問題解決型の学習は，教科横断型であり各教科にとっても意味のある学びの統合的な姿です。

問題解決：問題を認識し調査することができる。そして，因果関係と根拠に裏付けられた解決策をつくり出し，提案することができる。

・他の人々の見解や貢献を正当に評価する。

社会科の目標14：おもにアメリカ合衆国を対象に，行政システムを理解する。アメリカ合衆国政府のさまざまな行政形態や行政規模，あるいは政府刊行物・公式文書，法律・制度を調べることをとおして，今もこれからも貢献する市民であるために必要なスキルや知識を身につける。

（第４章で取り上げた「蚊の問題」は，そのような行政的な事例である。）

スタンダードA：アメリカ合衆国政府の基本原則を理解し，説明することができる。

スタンダードB：イリノイ州やアメリカ合衆国，諸外国の行政システムの構造や機能を理解することができる。

スタンダードC：選挙の仕組みや市民の義務を理解することができる。

スタンダードD：イリノイ州やアメリカ合衆国，諸外国の行政システムにおいて，個人や利益団体のもつ役割や影響力を理解することができる。

14.D.5 さまざまな個人や団体の視点から，いろいろな公共政策や公共問題を理解することができる。

国語の目標５：国語で身につけた力を用いて，情報を収集し，評価し，伝える。

スタンダードA：疑問に答え，問題を解決し，考えを伝えるために，さまざまな情報源から情報を探しだし，まとめ，活用することができる。

次のリストは，ある高校教師が，医療従事者育成のための統合型授業を行うにあたって想定した学習成果です。この場合も上に示した小学校の例と同様，州や地方自治体の教育委員会が定めるスタンダードは，さまざまなレベルでこのリストに当てはまります。

・微生物を培養し，特定する。
・健康時と疾病時の人体の状態の違いを理解する。
・触媒が反応率にどのように影響するかを説明する。
・複数の化学分析方法を研究する。
・図書館活用スキルを身につける。
・調査のための情報源としてインターネットを用いる。

PBLのカリキュラムを設計する際に最も重要な要素，すなわち，文脈，学習者，

▼ 図5.1　PBLの単元の流れ（設計と実践）

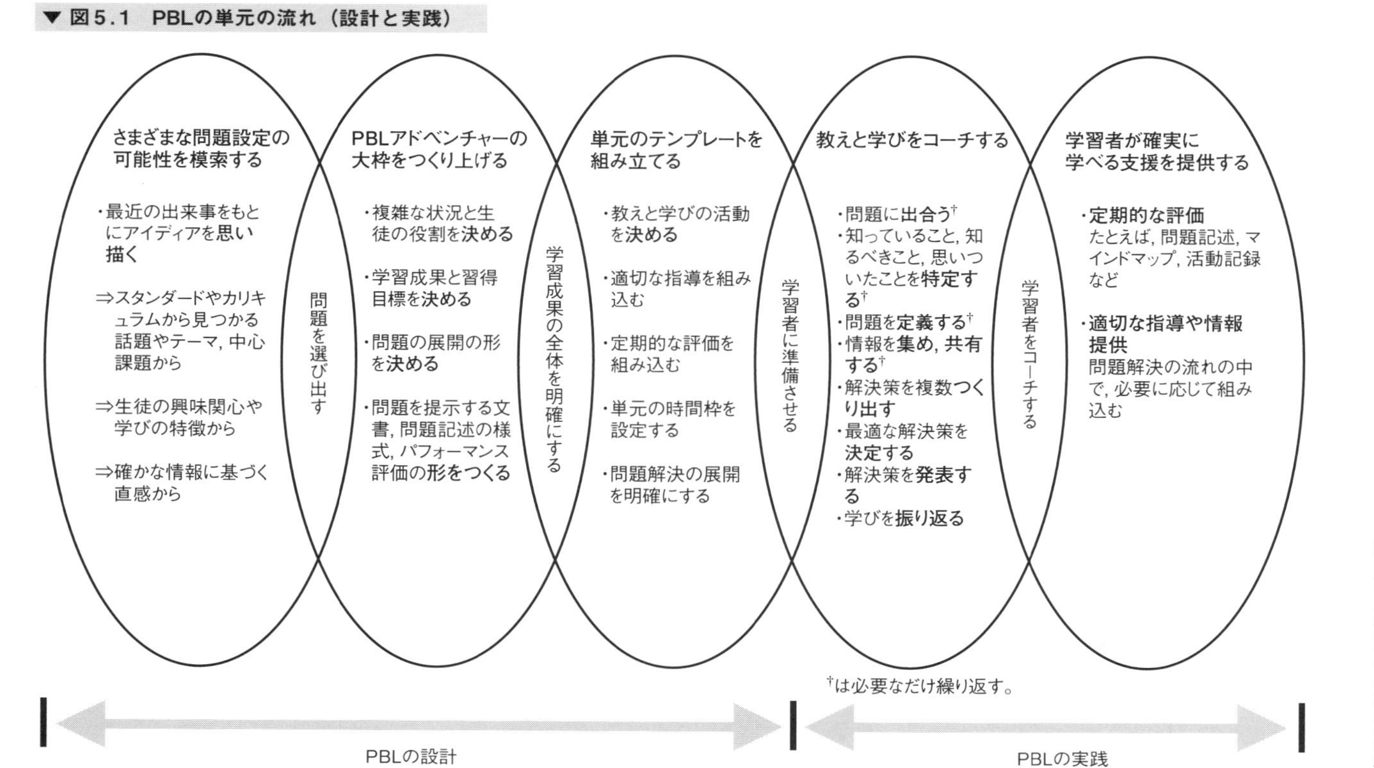

Torp & Sage (1998), p.47. © 1996 Illinois Mathematics and Science Academy, Center for Problem-Based Learning, Aurora, IL. より

カリキュラムについて，知っている事柄を具体的に明らかにすることで，要素間の影響をよく混ぜ合わせてバランスさせることができるようになり，各要素が授業にうまく溶け込んでいくのです。

教師はPBLの設計者として，適切な問題を選び，その問題を中心に据えて単元を構成し，教えと学びのテンプレートをつくりあげます。そして，その中で教師が準備する教材や教師が行う判断が，多くの効果的なPBLの授業を自然に展開させていることを私たちは見てきました。学習者が構造化されていない問題に出合い，調査し，解決しようと取り組む際に，教師はコーチとして，コーチングの手法を用いて授業を計画に沿って実践します。図2.2（p.20）を詳細に表した図5.1に，アイディアづくりから始まり授業実践に至るまでのPBLの単元の流れを示します。

4. アイディアを生み出し，アイディアと遊ぶ

教師は，次第に広い範囲の内容を教えることを求められるようになってきました。しかし現場の教師は，幅広い授業内容を扱わなければならないにもかかわらず，研究者からは内容をより深く掘り下げるように求められてもいるのです。これに対処する一つの方法は，視点を変えてアイディアと遊ぶことです。カリキュラムを編成しているときや授業計画を立てているときに，ふつうは遊

▼ 図5.2　PBLに授業設計で熟慮すべき事柄

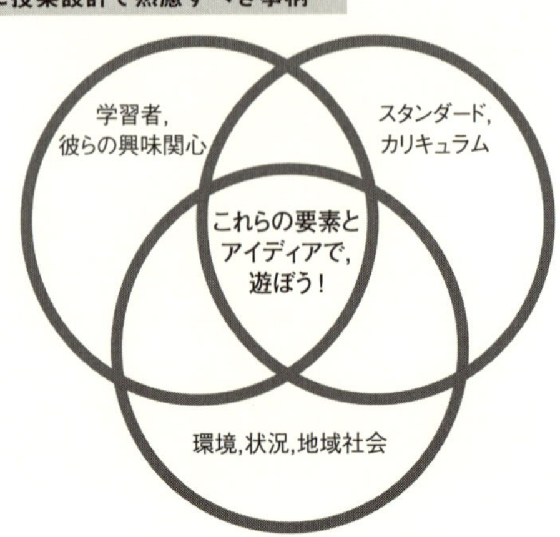

▼表5.1　科学リテラシー

・質問し，理解し，解釈し，推測する能力
・数学的・科学的なコミュニケーション能力
・対象に対する理解が探究活動によって変化し，発展し，洗練されるという科学や数学の本質の自覚
・.科学，数学，技術の，相互依存性と関連性に対する理解
・この複雑な世界の中での，科学，数学，技術のもつ力と限界に対する理解

Torp & Sage (1998), p.48. より
資料：Illinois State Board of Education' s Center for Scientific Literacy (1994), p.1.

ぶことは考えないでしょう。しかし，知的な遊びをとおして，私たちは，新しいアイディアを思いつき，できることは何かを考え，足りないものを見つけ出すことができるのです★47。図5.2に，PBL の設計に必須の三つの要素と遊びの関係を示します。

最近私たちは，イリノイ州教育委員会が提唱する「科学リテラシー」★68とPBLとの統合を目指すイリノイの16人の教育者からなるグループと，共同研究を行いました。表5.1に，この科学リテラシーを要約して示します。

中学生を対象とした科学リテラシーを高めるための授業を設計する際に，私たちはいくつかのアイディアの“傘”で遊ぶことから始めました。ここに示す傘は，複雑で解決が難しい構造化されていない問題のはじめの姿です。一つひとつの傘の下に，いくつもの学習目標をカバーし，生徒の興味関心を燃え立たせるような，どのような学びの機会が見えますか？

【例1】交通量の増加に対応するための橋の増設

フォックス・バレー地区は着実に開発が進んできており，交通量が増加してきたため，フォックス川を渡る新しい橋が必要となりました。橋を架ける場所がいくつか提案されていますが，どの案にも反対意見があります。ある案では，橋は希少価値の高い動植物を抱える森林保護区を通ることになります。他の案では，ここには橋を架けて欲しくないと反対している地区住民に対応しなければなりません。橋は本当に必要なのでしょうか？　橋をどこに建設すればよいのでしょうか？　決定権をもつのは誰なのでしょうか？

【例2】未成年者の喫煙

未成年者の喫煙問題が校区内で増加してきています。みんなが知っている依存症の問題や健康に対する大きなリスク以外にも，あらたな心配事が明るみに出てきています。喫煙は，中学校での生徒指導上の問題なのですが，生徒たちの反抗的な態度を助長しているようにも見えます。たばこを買うためにお金を盗む生徒も出始めました。中学校としては，生徒の喫煙について何らかの手を打つべきでしょうか？もし手を打つべきだとしたら，それはどのようなことでしょうか？

【例3】郡内のカエルの減少

中学校の裏手にある湿地には，希少で興味深いさまざまな動植物が生息しています。生徒たちは理科の授業をとおして，何年にもわたってこの湿地で動植物を採取して研究してきました。最近，生徒たちと教師が，カエルの数が劇的に減少していることに気づきました。実際，今ではなかなかカエルを見ることができません。カエルにいったい何が起こったのでしょうか？

自分たちの地域に目を向けて最近の話題を探して，自分自身の傘を広げてみましょう。新聞や週刊誌，ラジオのトーク番組，市町村議会や公園管理局の会議，インターネットなどあちこちから，アイディアの種が見つけられるでしょう。図5.3に，過去に使われたことのある問題の例を示します。

5. 問題のもつ学びの可能性を図解する

ここに挙げたアイディアの詰まった傘のような問題がたくさん準備できたら，それらのアイディアとつながりの様子を図に描き出して視覚化しましょう。小学校で高学年を担当するある教師は，子どもたちを惹きつける力，統合的なカリキュラムから得られる学習成果，現実の世界とのつながりを考えながら，興味をもったアイディアがどのように展開するか，その可能性をクモの巣図にして図解してみました。図5.4は彼女が，アイディアの周囲に，関連する話題や説明を加えて描いた三つの可能性の図解の骨格を示しています。

図解は，PBLにおいてさまざまな場面で応用できる重要なツールです。表

▼ 図5.3　問題をはらむ状況の例

問題をはらんだ状況は「惹きつける」
「解決しなくちゃ」という魅力で，生まれ持った好奇心を満たす

生徒を惹きつけるもの，
興味津々にさせるもの，
情報を与えるもの，
それは何だろう?

問題は，生徒たちを課題や関心，謎で取り囲みます。
そして彼らを状況の中に引き込んで，行動させます。
問題は，解決に必要な知識やスキルを身につけて
実際に使ってみたい，という本物の欲求に裏打ち
された行動に，彼らを駆り立てるのです。

生徒たちは，ちょうど郡内に巨大養豚場建設が提案されている中で，
家畜の排泄物管理を規制する法案の是非を投票しなければならない
州議会議員に対するアドバイザーになります。
環境，経済，政治，社会などの他に，どのような影響を考慮すべきですか?
ガーデス先生　小学校6年国語担当教師

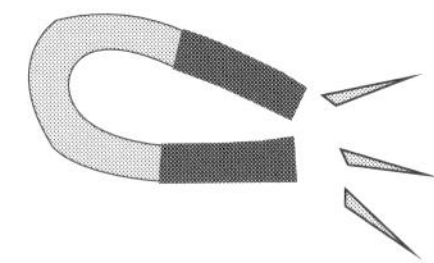

下水管にワニが棲んでいるといううわさが遊び場で広がっていて，
小学生たちは興味津々です。このうわさは本当なのでしょうか?
本当かどうかを確かめるのに，彼らは何をしたらいいのでしょうか?
ジェンセン先生　小学校低学年担当教師

生徒たちは，疾病管理センターの現場職員です。彼らは，ここ10年間の
データに基づいて，ペストの発症パターンや予防措置に関するプレス
リリースを用意するよう求められます。伝えるべき真実は何なのでしょうか?
誰を対象として発表するのでしょうか?　その人たちにうまく伝えるには
どのようすればいいのでしょうか?
ホリスター先生　IMSAないし高校　社会科担当教師

5.2に，図解の使い方をまとめて示します。

可能性の図解ができたら，可能性の広がりをよく見て検討し，対立や不協和音の生じているところを探しましょう。対立した個々の状況の中で，受け入れがたいことは何なのでしょうか？　図解の中に，政治的な対立や社会的な対立，さらに個人間の対立などが明確に表現されていますか？　待遇，支援，資金力，結果などの不公平さが目に見えるようになっていますか？　学習者を問題に引き込み，彼らから「知るべきこと」を引き出し，彼らに解決策をつくるよう仕向けるものは，いったい何でしょうか？　この問題の中で，一つの既得権に何人もの利害関係者が絡んでいますか？「複雑で解決が難しく構造化されていない問題に対して学習者が提案する解決策は，どのようなものであっても必ず

▼ 図5.4　可能性の図解

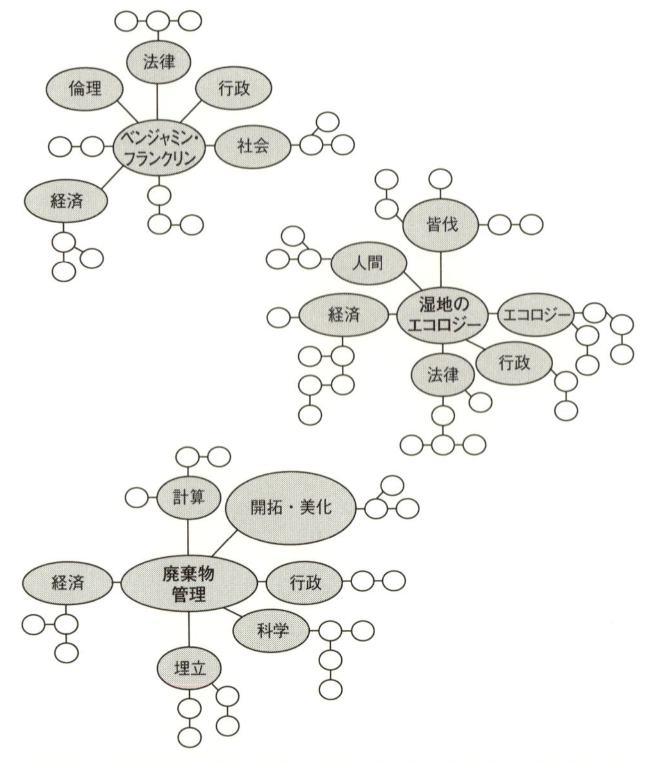

Torp & Sage (1998), p.49. より　資料：Center for Problem-Based Learning (1996a).

異論が出ます。彼らの作る解決策は，問題解決の一部分に過ぎません」と主張する教師もいます。それはそのとおりで，私たちもまたさまざまな解決策が想定できるような状況を探しています。ほとんどの問題，特に現実の世界の問題には，正解が一つだけというものはないに等しいのです。

学習者の取り組みとそこから得られる学びが両方ともに最大となるように，PBLの授業の核となる問題を選択しましょう。学校に隣接するプレーリー草原に関する問題で，生徒の動機づけやカリキュラムから得られる副次的な効果について行った，中学校教師のロブ先生とクリノック先生のやりとりを次に示します。

▼ 表5.2　思考を可視化するための図解の活用法

マインド・マップは思考を目に見える形で記録する方法の一つで，もう一度目をとおしたり，まとめたり，改良したりする際に役立ちます。PBLにおける応用例は以下のとおりです。

可能性の図解：この図解は教師が，問題から派生するテーマの広がりや問題解決の過程で学習者が達成する可能性のある事柄を把握する際に用いて，問題を選択したり絞ったりするのに役立つ。

問題予測の図解：この図解は教師が，学習者に与える問題の中に現れると予測される現実の事柄を事前に把握する際に用いる。この図解を行うことで教師は，問題解決の過程で学習者がどのような道筋をたどって問題解決に向かうのかを予測でき，必要な情報源についてあらかじめ計画を立てておくのに役立つ。

カリキュラムの図解：この図解は教師が，学習者に与える問題の中にあるカリキュラムとのつながりを把握する際に用いる。この図解を行うことで教師は，カリキュラムに沿った，評価し報告すべき主な学習成果を把握するのに役立つ。

問題の図解：この図解は学習者が，問題をはらむ状況の中での問題の広がりを図解して，問題の範囲やつながりを視覚化するために用いる。この図解を行うことで学習者は，必要な情報源や情報についてアイディアを出したり，可能性のある解決策の作成に向けて仮説を立てたりすることができる。

教師は，学習者の描く問題の図解が授業全体をとおしてどのように変化するかを調べたり，関係する分野の専門家による図解と学習者による最終的な図解を比較したりすることで，学習者の学びを評価することができる。

Torp & Sage (1998), p.51. より

ロブ先生：私たちは実際のところ，何をしようとしているのかな？　なんて言ったらいいのか…，生徒たちに，プレーリー草原を救うための一般的な方法を他の生徒に向けて説明させようとしているのかな？

クリノック先生：そうだとは思う。でも，生徒たちが周囲の人とつながりをつくることもねらっていると思うけど。つまり，生徒たちはプレーリーについて知りたいことはすべて学ぶことができるけど，もし，なんでプレーリーについて調べているのかを学校のみんなにわかってもらえなかったら，くたびれもうけのように感じると思う。

二人は，豊かな内容を提供してくれる問題を選んだのです。しかし，この授業で学んだ生徒たちはこの先も，学校に隣接するプレーリー草原を保護し，もとの状態に戻すことに関心をもってくれるでしょうか？　また，解決策に対し

て意味のある意見を言う力を手にしたと感じるでしょうか？　このような将来にわたって自分の問題として考えられるようなつながりをどう位置づけるかが，学習者を状況の複雑さに深くのめりこませ，行動に駆り立てるかどうかに直結するのです。

6. PBLアドベンチャーを計画する

何人かの学習者から，PBLは学びの冒険の旅だ，という感想を聞きました。しかし，どんな旅であっても，正しい道筋をたどるには計画と準備が必要です。この比喩は，授業計画や日々の実践の詳細のことを喩えて言っているのではなくて（第４章，第６章参照），私たちがどこに向かって進み，どうやって目的地にたどり着き，そこに到達したときに何をしなければならないのか，という授業全体の認識についての比喩なのです。この旅は，一見簡単な一本道のように見えるかもしれませんが，現実にはそんなに簡単なものではありません。実

▼ 図5.5　PBLアドベンチャーの計画

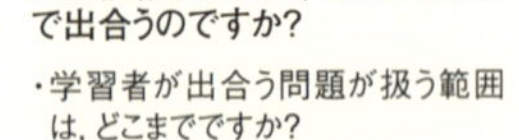

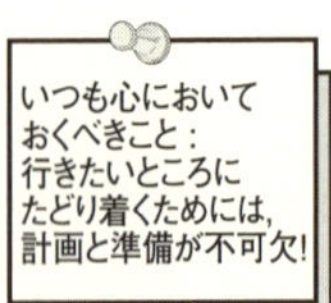

Torp & Sage (1998), p.52. より © 1996 Linda T. Torp, *Planning a Problem-Based Learning Adventure*, Naperville, IL: Possibilities, Inc.

際，PBLアドベンチャーを計画する際には，次のような作業が相互に強く関連しながら一体となって進展するのです。

・学習成果を明確にし，スタンダードとのつながりを確認する。
・問題をはらむ状況と，その中での学習者の役割を決定する。
・学習者が問題と出合う場を考え出す。
・予測される問題記述を作成する。
・学習者が自分の理解を表現する方法を具体的に示す。
・情報を収集する。

さらに，PBLによる学習体験を設計する際には，学習者の立場に身を置いて，構造化されていない問題の曖昧さや複雑さに接したときの彼らの疑問や思考，要求，反応を予測しておくことも必要となります。このようにして私たちは，PBLアドベンチャーの計画を始めるのです。図5.5に，計画の流れと重要なポイントを図示します。

(1) どこに向かうのかを知る

学びのアドベンチャーの枠組みをつくる際には，次の二つの計画が重要です。

・問題解決の過程で得られる学習成果を明確にする。
・学習者が探究の真の担い手として取り組めるような成果発表の形を具体的に示す。

①学習成果を明確にし，スタンダードとのつながりを確認する

この段階ではPBLの授業展開の核となる問題のテーマはすでに選び終えているので，ここでは問題を探究している間の道しるべとなる学習成果を明確にします。可能性の図解をカリキュラムの図解へと拡張することも一つのやり方です。可能性の図解をとおして明らかになった概念やスキル，授業展開を吟味することで，教師は，関連するカリキュラムをその図解の周辺に付け加えて，カリキュラムとのつながり（すなわちスタンダードとのつながり）を明確にすることができます。図5.6において，四角い枠が関連するカリキュラムであり，つながりがわかるようにしてあります。これは，中学生を対象とした

▼ 図 5.6　埋め立て地問題におけるカリキュラムの図解

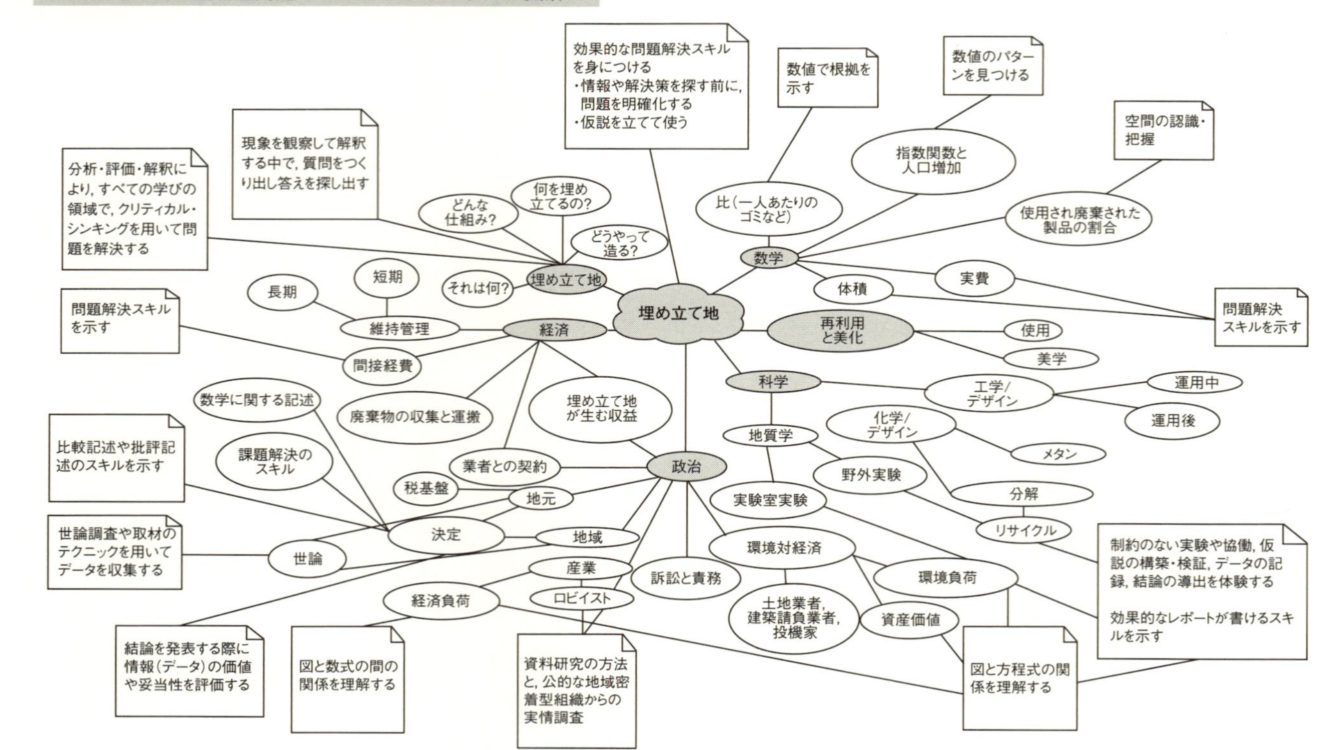

Torp & Sage (1998), p.53. より　資料：Finkle, Briggs, Hinton, Thompson, & Dods (1994).

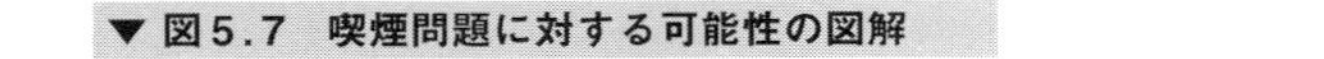

▼ 図5.7　喫煙問題に対する可能性の図解

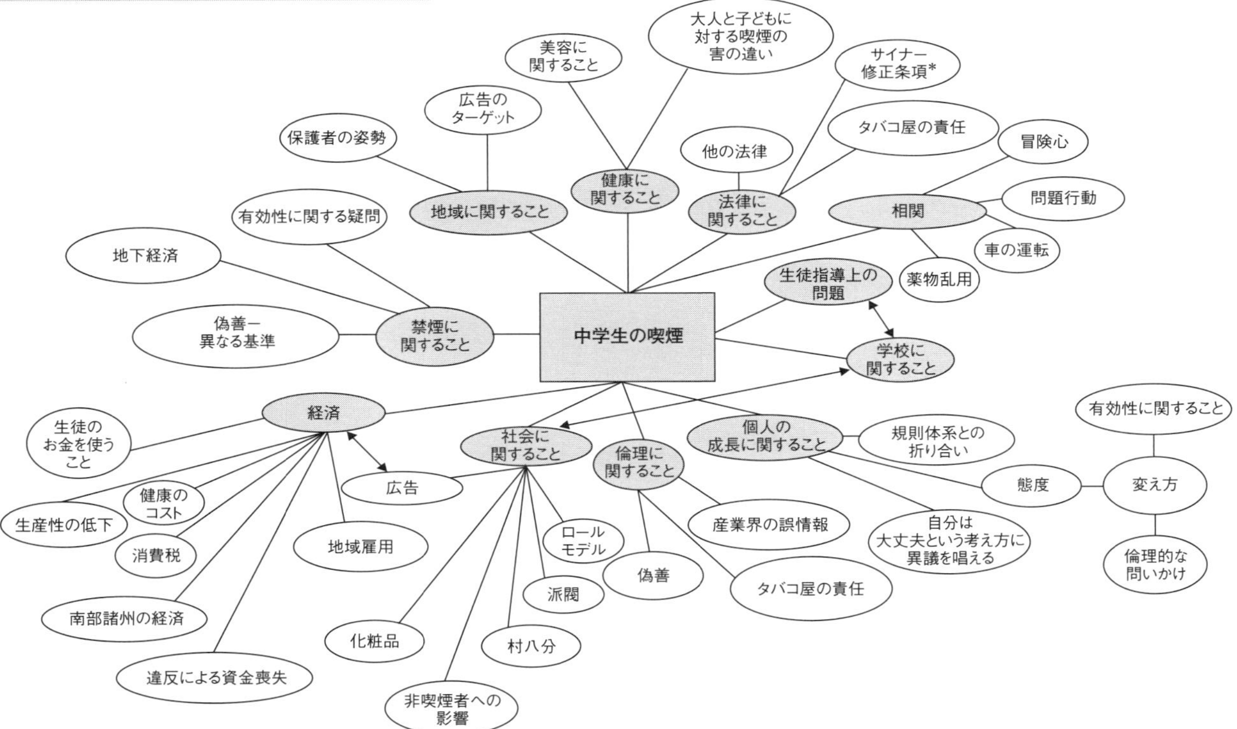

Torp & Sage (1998), p.56. より　資料：Illinois Problem-Based Learning Network (1996).　**＊サイナー修正条項**は，未成年の喫煙禁止法（1992年）

▼ 表5.3 喫煙問題のPBLで期待される学習成果

学習内容	思考と推論
・十代の若者を対象に，喫煙の有無と影響について調査する。 ・十代の若者の喫煙に関する法的な課題や社会的な課題を再検討する。 ・たばこ関連の健康，倫理，経済に関する課題について広く考察する。 ・たばこに関する研究や情報の出所を分析する。 ・たばこ産業に関する予備知識を入手する。	・探究を絞り込んだり，促したりするための質問をつくり出す。 ・複数の情報源からデータを得て分析する。 ・図や表からデータを読み取り，解釈し，目的に合わせて活用する。 ・さまざまな視点からの見方を比較・対比する。 ・クリティカル・シンキングと意志決定のスキルを身につける。 ・情報を統合する。
自立的な学び	**チームワーク**
・自分の意見をはっきり述べるスキルを身につける。 ・適切で信頼できる情報源を見出す。 ・効果的なコミュニケーション・スキルを活用する。 ・自己責任感を身につける。 ・根拠に基づく選択をする。	・仲間，大人，地域の人たちと，健全に交流する。 ・お互いに十分で効果的な手助けや支援を提供する。 ・必要な情報源をチームで共有する。 ・目標達成への意欲を高める。

Torp & Sage (1998), p.57. より　資料：Illinois Problem-Based Learning Network (1996).

IMSAサマーチャレンジプログラムでPBLのカリキュラムとして使うために，ある教師チームが描いたカリキュラムの図解です。このPBLでは生徒たちは市長のコンサルタントとなって，新たな市営埋め立て地として最も実現可能性の高い場所を決めるよう要請されました。図解からわかるように，このような問題は，複数の教科領域にまたがる豊かな学習内容を提供してくれるのです。

また別の例として，イリノイPBLネットワークの教師チームの実践を示します。彼らは中学校での喫煙問題を図5.7のように図解し，そのプロセスで明らかになった学習成果を分類してリストアップすることにしました。それらは表5.3のように，学習内容，自立的な学び，思考と推論，チームワークの4項目に分類されました。

②理解を表現する方法を具体化する。

どのような形のパフォーマンス評価*を選択したら，学習者が実在する利害関係者と直接関われるような統合的な本物のやり方で，学んだことをしっかりと表現できるのでしょうか（評価の可能性については，第7章で扱います）。この問いに対して私たちは，問題を注意深く考察して，実際に用いられている

***パフォーマンス評価**：身につけた知識やスキルなどを統合して実際に活用する場面をもとに評価する方法。

評価方法を選ぶよう教師に働きかけることにしています。実際には，学習者が問題に浸りきって果たしている役割を教師がしっかりと把握できたときに初めて，これを決めることができるのです。

(2) たどりつく方法を知る

どこに向かうのかがわかったら，次は，学習者と一緒に紆余曲折を経ながらどのように問題を旅するのか，について考えます。教えと学びのテンプレート（第４章参照）を詳細につくり上げる前に，次のことをしなければなりません。

- 問題をはらむ状況と，その中での学習者の役割を決定する。
- 学習者が問題とどのように出合うのかを考える。
- 予測される問題記述を作成する。
- 関連する情報を収集する。

前節で述べたように，これらの活動は一見直線的に順を追って進むように見えるかもしれませんが，実際には同時に展開することになります。たとえば，多くの場合，専門家や地域の人々との接触をとおして得られる関連情報が，役割と状況を選ぶ際の手がかりを提供してくれます。繰り返しになりますが，これらの活動の関連性はきわめて重要です。

①問題をはらむ状況と，その中での学習者の役割を決定する。

先に述べたように，構造化されていない問題は，多くのさまざまな利害関係者に課題を提示します。たとえば，郊外の埋め立て候補地選択の問題（候補地の選択に関する前述（p.78）の議論と，図5.6参照）では，問題そのものや実施可能な解決策に強い関心を抱いている多くの人々，具体的には，地方政治家，持ち家の資産価値低下のリスクを抱える市民，環境保護活動家，埋め立て業者の担当役員，納税者，交通局職員，土壌・水質を専門とする科学者などの利害関係者を挙げることができます。

ここでは，学習者の役割として，問題とその複雑さについて十分に理解できるような役割を選ぶことが，私たちに与えられた課題です。私たちは学習者に，単に一部の利害関係者だけの関心事を扱うのではなく，問題の核となる課題の解決に取り組んでほしいと願っているのです。また，問題をはらむ状況の中で，役割に興味をもってどんどん入り込み，「自分たちもできるんだ！」という感覚を得ることも願っています。中学生向けにつくられた埋め立て地の問題では，コンサルタント会社に雇われている環境技術者の役割が生徒たちに与えられました。この会社が実際に，三つの埋め立て候補地の実行可能性について，市長にアドバイスする仕事を請け負っていたからです。

ここで再び，私たちはいくつもの可能性と遊ぶことの大切さを強調しなければなりません。学習者の役割と状況の選択は，PBLの設計に大きな影響を与えます。ある小学校高学年を担当する教師は，渡り鳥の生息地である湿地保護区内で石油会社が石油の採掘権を求めているという問題を用いる際に，図5.8に示すように子どもたちの役割の可能性を検証してから，役割を決めました。

この教師は，「もし中心となる課題が…で，子どもたちの役割が…で，最終的な成果発表が…となるとしたら，どうだろうか？」という自問をとおして，さまざまな利害関係者の立場を考慮に入れる必要が生じるような，子どもたちに合った役割と状況を選択しました。そして次に彼女は，選んだ役割と状況を反映するような予測される問題の図解をつくり，子どもたちがたどると思われる展開を考えて，自分で問題解決への取り組みを展開させてみました（図5.9）。図解をとおしてカリキュラムの豊かさを確認し，4・5年生に合った

▼ 図5.8　湿地問題における役割の可能性の検証

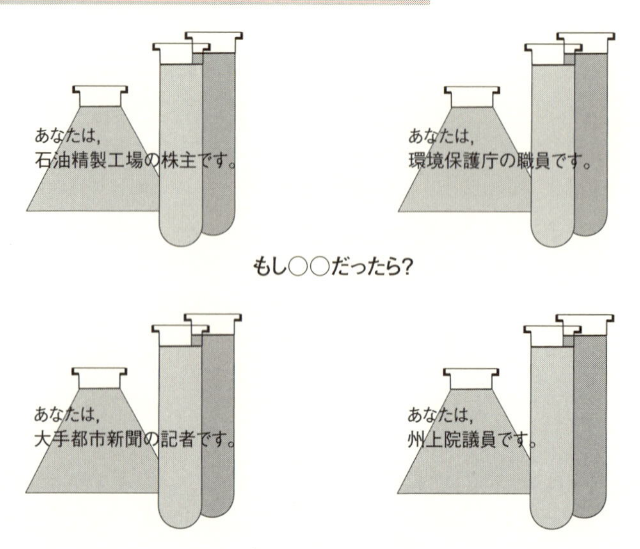

Torp & Sage (1998), p.57. より　資料：Vitale-Ortlund (1994).

▼ 図5.9　湿地問題に対する予測される問題の図解

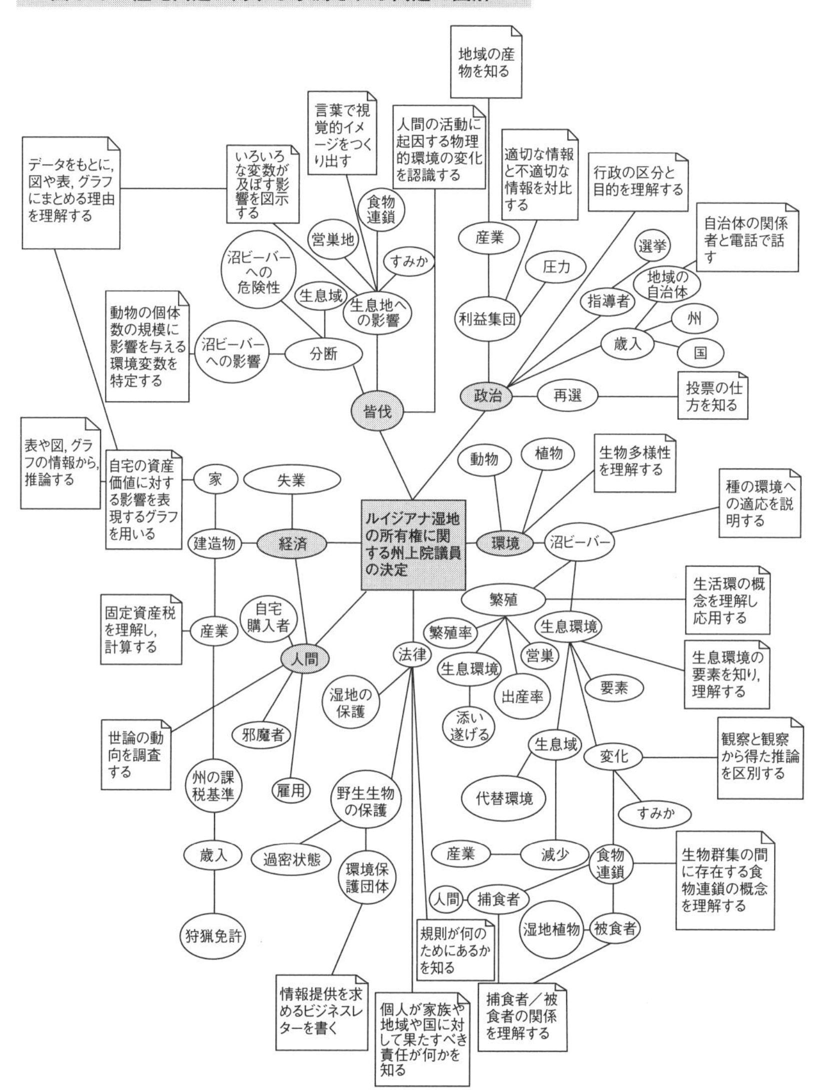

Torp & Sage (1998), p.59. より　資料：Vitale-Ortlund (1994).

州の学習目標や学習成果を明らかにして，カリキュラムを四角い枠に書き込んで図解の周辺部に付け加えました。

検討している問題の状況と学習者の役割を変化させると，図解のあちこちを強調したり付け加えたり削除したりする必要が生じます。そんなふうにして学習者の役割や状況を変えて新たな可能性を図解してみたくなりませんか？　実際にやってみれば，問題が大きく変化するのを実感できるでしょう。

考えるべきもう一つの大切なことは，選んだ役割の範囲です。問題や役割の範囲が比較的狭い場合は，PBLの体験は落ち着いたものになります。この場合学習者は，人間関係や各自の意思決定の際の葛藤の問題や，自分とグループに関する問題にじっくりと取り組むことになるでしょう。他方，範囲が広範で，多くの利害関係者が関わるような問題や役割を扱う場合は，取り組みが複雑になり，学習者は問題解決そのものに多くの時間や労力を費やすことになります。後者のタイプの問題では，ある法案の成立を審議する国会議員，企業の合併や買収を評価する株主，あるいは賛否の分かれる新技術の利用・誤用に関する倫理問題を評価する科学団体の会員などのような役割を学習者に担ってもらうことになるでしょう。個人的なアプローチからグローバルなアプローチまでの間には，数えきれないほどの可能性があります。

問題探究における役割の価値を強調することは，大切なことです。問題のシナリオの中で割り振られる役割によって，教師と学習者はともに，いつもの代わり映えしない役割の束縛から逃れて，問題の共同探究者になることができるのです。PBLでは教師と学習者は，科学者にでも，マイホームをもつ人にでも，警察官にでも，何にでもなれるのです。

役割のもつもう一つの長所は，学習者が学びをまさに自分のものとし，問題に対して当事者意識をもつ，という点にあります。問題の中の利害関係者の立場に立つことで，学習者は問題に夢中になります。傍観者としてではなく，当事者として問題の中心に立つのです。ドロシー・ヒースコート★62は，当事者の視点と傍観者の視点を,「こちら側」にある事柄についての学びと「向こう側」にある事柄についての学びと対比させてとらえました。「こちら側」の事柄は，より直接的で魅力があり，学習者を深い理解へと導きます。学習者は，未成年者の喫煙や橋の建設，環境にやさしい埋め立て地の計画などの課題に対して立場を明確にしなければなりません。

しかしこのことは，学習者が必ずしも経験したことのない役割を務めなければならない，ということを意味するわけではありません。もし，学習者が自然に自分のものとしてとらえられるような問題を扱うのであれば，児童，生徒，学生など，学習者の属性そのものとしての視点や共感できる自然なつながりをそのままもたせることも理にかなっています。ただ，このようなタイプの問題では，問題解決について学習者に発言権を持たせることの重要性を忘れてはいけません。いくつもの学校で，学校をどのように改修，改築すればよいか，という問題が扱われています。多くの場合，生徒たちは自分たちの提案を実際に教育委員会に示し，建築家あるいは建築設計チームの人たちと会い，自分たちの提案の一部が学校の設計に実際に取り入れられる様子を目にすることができました。PBLアドベンチャーでは，このような機会を提供することで，学習者が共感をもって具体的な行動を展開するようになるのです★91。

②学習者が問題とどのように出合うのかを考える

学習者は，解決が求められる根本的な問題をはらんだ複雑な状況に，どのような形で出合うのがよいでしょうか？　文書，電話メッセージ，ビデオ・クリップ，それとも寸劇がよいでしょうか？　本物のほうがよいのでしょうか，それとも模擬的なもののほうがよいのでしょうか？　テレビ番組の『スパイ大作戦』を観たことはありますか？　その中で，ジムを中心とする捜査ティームは，短いテープによる状況説明をきっかけとして，関連資料一式を洗い直すことから捜査を開始するのです。スパイ大作戦で当局からの指示を伝えるテープレコーダーが指示を伝えた直後に自然発火するように，もしあなたが，10秒で消滅するような何かを見つけることができたら，きっと学習者の注目を集めるに違いありません！

多くの教師が，学習者の関心を引きPBLアドベンチャーに入り込ませるための「つかみ」として用いられる，本物そっくりの文書のもつ力に驚いています。この章で先に取り上げた埋め立て候補地選択の例では，生徒たちのやる気を維持するために，問題の中に登場するさまざまな利害関係者から手紙が送られてきたと想定して，模擬的な手紙を生徒たちに提示しました。教師がペイス博士の代理人となって，博士のスタッフである環境技術者（生徒）との間で行われたミーティングの際の演出効果もさることながら，図5.10に示すような手紙も，生徒たちを引きつけて問題探究を開始させるのに役立ちました。

問題に関心をもたせる最良の「つかみ」（導入）とは，学習者に，状況の中での利害や役割の実感と，探究を開始するのにちょうどよいだけの情報を与え

▼ 図5.10　問題との出合い：埋め立て地問題を開始する手紙

ゴータム村
60134　イリノイ州ゴータム
南一番通22

村長　ウォルター・R・パワーズ

1997年10月3日

60506-1000 イリノイ州オーロラ
西サリバン通り 1500
プレーリー環境サービス
マイケル・バロン・ペイス博士

親愛なるペイス博士

ゴータム村では，現在使用しているセトラーズ・ヒル最終処分場が限界に近づいているため，新たな最終処分場を建設する必要があります。新たな最終処分場にはいくつかの候補地がありますが，最終的にはその中から1か所を選ばなければなりません。そこで、それぞれの候補地について，最終処分場に適するかどうかを判断する基礎調査を御社に委託したいと考えております。

当該候補地3か所は，同封の地図で「ゴータム東」「ゴータム西」「ネルソン湖西」と示されている箇所で，いずれもケイン郡の所有地であるため，すぐに使用を開始することができます。

当村の固形廃棄物処理計画については，最終処分場に関する点以外はすべて効果的に運営されていると確信しています。最終処分場の決定についてご協力をお願いいたします。

村長　ウォルター・R・パワーズ

Torp & Sage (1998), p.60. より　資料：Finkle, Briggs, Hinton, Thompson, & Dods (1994).

ることです。情報が多すぎると，もっと知りたいという欲求を失わせることになるでしょうし，逆に少なすぎると，問題解決への取り組みを始めようとする気持ちを萎えさせることになるでしょう。

③予測される問題記述を作成する。

たくさんの細い棒の先に皿を載せて同時にぐるぐる回しているサーカスの皿回しを思い浮かべてください。問題を設計する際には，たとえば問題をはらむ状況やその中での学習者の役割，問題への取り組み方を決める際には，私たちも何枚もの皿を同時に回し続けなければなりません。ここでは手順がまるで一本道であるかのように述べますが，実際には問題の設計に必要なこれらの要素を同時並行で明確化し，よりよいものにしていく必要があります。あなたが決めた利害関係者の役割と問題の状況を学習者に示す際には，彼らと問題との出合い方も考え合わせながら，現実的で根本的な問題として学習者が何を見いだすのかを予測しなければなりません。つまり，あなたはデザイナーとして，実際の利害関係者のもつ視点や背景をあらかじめ想定しておかなければならないのです。

予測される問題記述は，PBLの設計の要素をまとまりのある授業計画につくり上げる際に役立つ，重要な道しるべとなります。教師のすべての授業計画や学習者のすべての学びをしぼり込み導いてくれるのは，明確な問題記述です。今までの経験から，効果的な問題記述には以下の二つの重要な事柄が含まれていることがわかっています。

・問題の核となる課題の記述
・受け入れ可能な解決策が満たすべき条件の特定

そのため，問題記述をつくる際に，よく次のような例文が使われます。

[…条件を記入する…] という条件の下で，私たちはどうしたら，[…課題を記入する…] について解決／改善することができるのだろうか？

【例】
以下の事柄を考慮に入れるという条件の下で，私たちはどうしたら，湿地の所有権について結論を得ることができるのだろうか？
・石油精製工場の従業員の雇用
・州政府の歳入
・湿地の生態系
・湿地の皆伐
・湿地保護に関する法律
・政治的圧力
・選挙での投票
・行政の果たすべき役割

このようにして得られた予測される問題記述は，教師が設計ツールとして用いるものであって，学習者に提供するものではないことは忘れてはなりません。学習者は，自分たちの手で現実の問題を明確にしていかなければならないのです。問題記述を明確化する手順を何回も繰り返しながら問題をはらんだ状況の全体像を把握する過程で生じる葛藤の経験は，学習者にとって欠くことのできないものです。私たちは，学習者に複雑な状況に取り組ませることで，解決策をつくるまでの間に，あやふやさや不完全さ，そしてもっと知りたいと思う気持ちを十分に体験してほしいのです。

アインシュタインはかつて，問題解決において最も難しく最も重要なプロセスは問題の定義である，と言いました。学習者に問題解決への取り組みを開始させる最も簡単な方法は，解くべき問題を彼らに具体的に提供することではあるのですが，それは，問題を感じとるという大切なスキルを獲得する機会を彼らから奪い去り，独創性，価値を創造する力，そして主体性を阻害することになります。学習者に与える問題を明確にすることは，「問題って，けっこう手っ取り早く簡単に解決できるものなんだなあ」という考えを強化してしまうことになります。つまり，問題解決を，規則に従って淡々と手続きをふめば結論にたどり着けるものであると考えるようになってしまうのです。逆に，答えの決まっていない問題を解決する機会を学習者に与えると，彼らはその問題の中に，教師には思いもよらなかった課題や条件を見いだすことがあるのです。

④関連する情報を収集する

PBLの単元を計画する際には，地域の人々から，図書館やインターネットで，あるいは協力してもらえそうな専門家から，かなりの量の情報を集める必要があります。忘れてならないのは，学習者に与えるのは問題に関する基本的な情報と解決すべき大きな問いだけだということです。彼らに与える情報は，手紙や新聞の切り抜きの形でもかまいません。学習者が顧問医の役割を担う生物医学の問題では，２週間後に相談にやってくるという（この相談の場面がパフォーマンス評価の場となります）患者からの予約の電話メッセージと放射線技師からの報告書，さらにソーシャル・ワーカーからの臨床ノートという形で情報を提供しました。学習者は，根本的な問題は何か，知るべきことは何かを明確にするプロセスを経て，さまざまな情報源から必要な情報を集める段階に入ります。この時点で，今度はあなたが，学習者が必要としている情報をどのような形でどの程度提供するのか，あるいは提供しないのかも含めて，決定することになるのです。

(3) 目的地にたどり着いたあと，するべきことを知る

ここでようやく先に（p.80）述べた質問にたどり着きました。すなわち，

どのような形のパフォーマンス評価を選択したら，実在する利害関係者と直接関われるような統合的な本物のやり方で，学習者は学んだことをしっかりと表現できるのでしょうか？　学習者の果たすべき役割や利害関係者としての立場はすでに決まっていますし，彼らが見いだすと思われる問題もすでに予測ずみなのですから，あとは，彼らがどのようにして探究を終了するかを決めればよいのです。私たちは最後を飾る実践の場を，授業で身につけたスキルと現実の世界で必要とされるスキルの直接的なつながりをつくり，与えられた役割や状況の中での学習者の思考や行動に対して，真の評価ができる機会としたいのです。

私たちは，学習者が臨機応変に，教師の期待をはるかに越えて行動する様子を何度も目にしてきました。しかし，私たちはその逆も見てきました。探究活動が終わりに近づくにつれて，興味や熱意が失われていくのです。何がこのような学習成果の大きな違いを生み出すのでしょうか？　学習者とは，自分の努力の結果を知りたくなる存在です。自分たちの取り組みをきちんと考察し評価してくれる人がいると信じられるとき，彼らは情熱と厳しさをもって任務を引き受けるのです。

探究活動のはじめから終りまで，学習者は調査のただ中に身をおきます。その中で彼らは，情報，問題，そして関係者と真に接します。そして，問題を自分のものとしてとらえ，その問題の解決，あるいは少なくとも類似の問題の解決には力になれると考えるようになるのです。学習者が現実の利害関係者に会い，彼らを相手に自分たちの得た知識を発表するようなパフォーマンス評価の場を設定することで，学習者の問題との関わりをさらに深めることができます。

▼ 表5.4　現実的な発表のシナリオをデザインする

役割・立場	状況・期待	発表のシナリオ
環境技術者	市長に提言する	提案書や説明文書を準備する
市民からなるフォーカス・グループ	郡の関係部局に提言する	行動計画をつくる
国会議員	法律制度の可能性を探る	下院小委員会の公聴会で証言する
医師	診断を疑う	患者への問診を行う
緊急作業員	前代未聞の洪水に備える	緊急情報パンフレットを作成する
生徒からなる利益団体	利用権や財産権，特権を制限するよう提案された法的措置に異議を申し立てる	教育委員会の会議でプレゼンテーションを行う

Torp & Sage (1998), p.62. より

このような場では，実際に問題とともに生きる人々は，学習者に対して，問題の姿の理解や認識，明確化を深いレベルで促すような質問や異議申し立てをします。現実の利害関係者とのやりとりの場を設定することは，解決策の適切さを確認するのに役立つもう一つのものさしとなるのです。表5.4に，パフォーマンス評価として，具体的な役割に基づいた実践のシナリオの例を示します。

7. 努力に値する！

中学生たちがグループで作成した政策を，模擬的な教育委員会に対して提案したあと，そのうちの一人が活動の記録に以下のようなコメントを書きました。

> 私の成績はオールAだけど，それは教科書の中から答えを見つけ出す方法を知っていたからなんです。自分の答えの正当性を主張するなんて，今までしたことありませんでした。今回の取り組みは，頭を使って考えなければならない初めての経験でした。クール！

次の文は，このもう少し前の，実施可能な解決策を考える段階での活動記録に，この生徒の仲間の一人が書いたものです。

> これまでの授業では，自分たちの考えたアイディアが先生に軽く扱われると，ばかげたアイディアだったのかなと感じました。アイディアが軽く扱われると，先生は決してばかげたアイディアだと言ったわけではないのに，ばかげたアイディアをつくり出してしまったんだと感じたんです。でも，PBLの授業の先生は，私たちの考えを最後まで押し通すように促す質問をしてくれました。もし，結果的にアイディアがばかげていたんだということになったとしても，それは自分たちでそのように結論したからなんです。だから，納得できます。

次の文章は，このPBLの授業を担当した教師が書いたものです。

> 彼らのような若者がこんなに明確に，そして知的に問題を分析できるとは思ってもいませんでした。私はこれまで，生徒たちには大きな問題の

存在を理解できない，学校というシステムの階層構造も理解できない，意思決定には介入すべきでない，と考えてきました。しかしながら十代の子どもたちは，私の予想をみごとに裏切ってくれました。子どもたちは私を打ちのめし，子どもだからといって彼らを赤ちゃん扱いするべきではない，という現実を私に知らしめてくれたのです。

8. まとめ

PBLの設計に本質的な要素である，文脈，学習者，カリキュラムのすべてを同じ糸で縫い通すことで，私たちは首尾一貫したPBLの学びの体験を設計することができるようになります。そして，オープンネス（開放性）とプレイフルネス（遊び心）に対する健全なものさしのおかげで，私たちは慣れ親しんできた構造から外に踏み出し，全体的な現実の世界での体験の中にある自分たちに関連する問題に目を向けることができるようになるのです。

この章では，PBLアドベンチャーを設計するための基本的な構造，すなわち，どこに向かうのか，どうやってたどりつくのか，そこにたどりついたあと何をするべきか，について理解を深めたので，PBLの実際の授業をどう運営していくかについて学ぶ準備はできました。第6章では，PBLの授業における教師と生徒の新たな役割について議論し，なぜ，どのようにして何をコーチするのか，という疑問について考えることにしましょう。

第6章

PBLの実践方法

第5章では，実践する価値があり学習者の興味を引き出せるような問題を設計する方法を検討して，PBLの授業を実践する準備を終えました。

PBLは，これまでの数章で示したような理性的なとらえ方に基礎をおいた，教えと学びの構成主義的手法の一つです。わかりやすくたとえるとすれば，PBLにおける教師の役割は，スポーツにおけるコーチの役割と同じです。コーチは，選手が意思決定や作戦の選択をしなければならないときに，サイドラインに立って支援します。このたとえは，PBLにおける教師の役割をよく表しているので，私たちは教師の役割を「コーチ」と呼んでいます。

PBLに関心をもちはじめてから，コーチとしての役割を理解して気持ちよく授業ができるようになるまでの過程で，多くの教師が深い学びを得ることが明らかになってきました。

「学習者とどのように接したらよいのでしょうか？」

「どうしたらこの複雑なプロセスを最後までやり遂げることができるのでしょうか？」

「学習者と教師は具体的に何をすればよいのでしょうか？」

この章では，これらの疑問に答え，さらにPBLにおけるコーチングについても考えることにしましょう。

1. 教師と学習者の新しい役割

繰り返しになりますが，私たちと一緒にPBLの研究に携ってきた教師たちは，教えと学びについての全体的な概念をとらえ直すよう迫られた際に生じた葛藤を雄弁に語っています★112。学習者も，特に従来の授業形態の中でうまくやっ

▼ 図6.1　教師と学習者の役割の変化

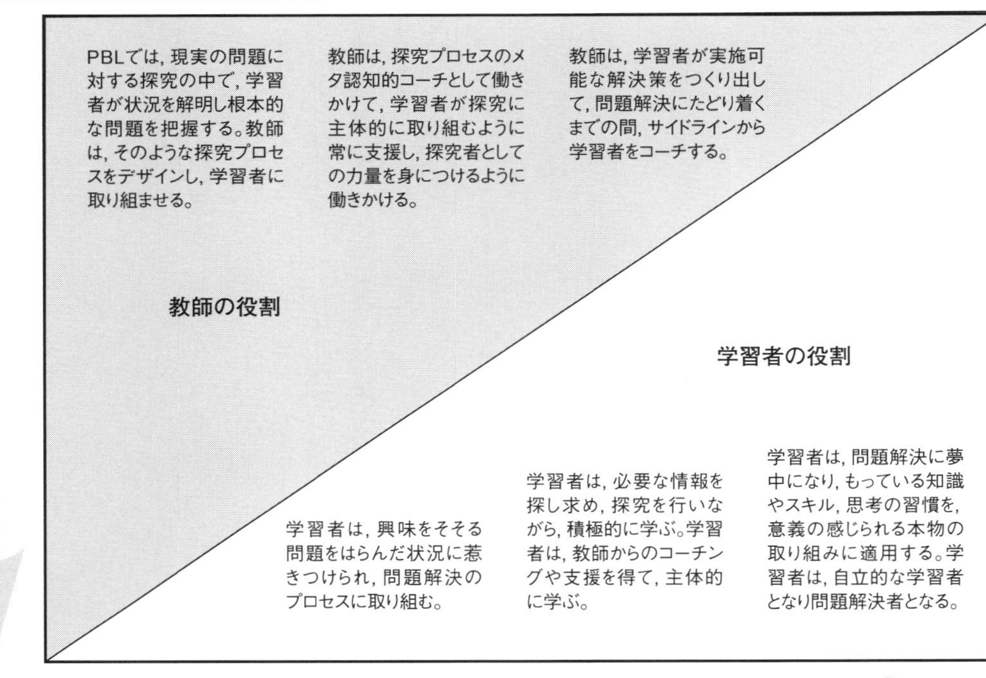

Torp & Sage (1998), p.65. より　© 1996 Illinois Mathematics and Science Academy, Center for Problem-Based Learning, Aurora, IL.

てきた学習者は，今までの体験で獲得したやり方と，積極的な思考者でありかつ真の学習者であるという新しい役割や，構造化されていない問題の中で出合うとらえどころのない曖昧さとの間で，しばしば葛藤を体験します。PBLではこの葛藤を克服するために，図6.1に示すような形で学習者の担う役割を少しずつ発展させていきます。図のように，学習者は自立的に学びに取り組めるようになるために必要なスキルや知識を，少しずつ時間をかけて身につけ，それに合わせて自分の学びに対して次第に重い責任を担うようになるのです。一方教師は，時間をかけて，学習者の学びに対してさまざまな支援を提供しなければなりません。しかし，教師が最後には必要なくなるというわけではありません。コーチングはきわめて能動的な役割です。以下の教師のコメントが示すように，コーチとして学習者を導く方法を学ぶということには，PBLによる学びを信頼し，学習者との関わり方をとらえ直すことも含まれています。

私にとってPBLを始めるにあたって大きな障害だったのは，うまくいかないのではないかという不安感だったと思います。そして，実際には，生徒たちを信じれば信じるほど，うまくPBLを実践できるようになるのが実感できました。問題記述を明確にし，解決策の選択肢にたどり着き，解決策を選び出すための手続きを踏むまで，全部生徒たちだけの責任でやり遂げるなんて，そんなことは無理だろう，と思っていたのです。PBLを試みた最初の1年間は，そんな思いがあって，私はコーチングになかなか踏み切ることができませんでした。しかし今年は，その点について少しは改善することができ，ボールを生徒たちに渡すことができました。生徒を信じれば信じるほど，PBLはうまくいくようになります。だから，生徒を信じて，生徒の選択や思考をなるべく制限しないようにしているのです。

ビドル先生
（中学校社会科教師）

それは以前からある管理の問題ですね。だって，教師は，生徒の学びのガイドを務めることはできるけれど，生徒の学びの旅を本当に管理することは無理ですよ。私たちは，ファシリテーターとして何をすべきかを決めることはできるのです。たとえば講義型の授業などを組み込む必要があるかどうかも含めて。

ロブ先生
（小学校校長，前中学校教師）

私たちにとって最も難しかったことは，ガイドになることでした。たとえば，生徒たちが今知るべきことの間のバランスを見極める必要があるときには，私はそのやり方について教えました。たぶん少々イライラさせたとは思いますが，それから調査に行かせ，帰ってきたら見つけてきた情報の共有や評価に取り組ませました。

私たちが学んだもう一つのことは，自分が説く者ではなく問いかける者としての役割を受け持ち，生徒を自分で考える立場に引き込むよい問いかけをするということです。たとえば,「これについてどう思いますか？」「根拠はなんですか？」「他の視点からは考えましたか？」などのような問いかけです。生徒たちが自分で考えなければならないような問いを投げかけると，直接教えなくても，学ばせたい学習内容を生徒たちから引き出すことができました。つまり生徒たちは自分たちで学習内容を見つけ出すことができるのです。

フリードリッチ先生
（高校校内研修コーディネーター）

2. コーチングとは何か

学習内容を決めているのは教師だ，と私は思います。このことは，学習者がうまく学べなかったとしたらそれは学習者の責任だ，という的はずれなことを意味しているのではありません。そうではなくて，学習内容とは，学習者が問題を展開させる先にある，学ぶべき大切な現実的な調和のことなのです。だから，私はコーチとして，学習者がそれを自分から見つけ出してくれるように，十分に問いかけるのです。

トンプソン先生
（IMSA理科教師）

北米の学校の教師はみんな，理解しがたい矛盾した多くの期待や要求に直面しています。授業の実践は，複雑で，不確かで，矛盾だらけなのです。

クラーク★36

トンプソン先生とクラークは二人とも，コーチングを含めたすべての教え方の中で，教師には絶えず複雑な意思決定が求められていることを指摘しています。私たちはPBLを実践する教師として，学習者の思考，情報収集・共有を含めたコミュニケーション，グループ活動，そして問題解決への取り組みをコーチします。そして，その中で私たち教師の役割は，学習者が何をどのように学ぶかを管理することから，学習者の学びを仲介（支援）することへと変化しています。このようなコーチとしての役割を果たすために，私たち教師も学習者と同様に学びに取り組んで，教育信念，行動，意志決定におけるフローの感覚*を身につけなければなりません。以下のトンプソン先生のコメントが示すように，コーチングをするようになると，はじめはいくらか不安になるようです。

初めてPBLの授業をしたときのことをよく覚えています。私は，なんとなく机の下で指を組んで，うまくいくかどうか授業の間中ずっと考えていました。今はそれがうまくいくとわかっていますし，そしてたぶん，生徒たちに対して以前より高い要求をしていますし，探究や学びにより多くの責任をもたせるようにしています。

トンプソン先生
（IMSA理科教師）

PBLにおけるコーチングは，目標設定，モデリング（手本），ガイド（誘導），ファシリテーション（円滑な促進），モニタリング（観察），学習者へのフィードバックからなるプロセスで，学習者の積極的で自立的な思考と学びを支援するためのものです。教師は，主体的な学び（アクティブ・ラーニング）にしっかりと取り組むよう学習者を促し，彼らの思考を視覚化する方法を考え出すことで，彼らの思考と学びを支援することができるのです。

3. 状況と役割

この章では，PBLで用いるコーチングの方法を具体的に紹介するために，あるPBL体験を例として取り上げます。それは，IMSAのトンプソン先生が行った生態学の授業です。

***フローの感覚**：自分の能力が発揮されてすべてがうまく進んでいると感じられる感覚ないし状態。

【役割と状況】

あなたは，ミネソタ州下院の環境・天然資源委員会の委員です。ミネソタ州ではオオカミが増えつつあり，数年以内に，合衆国絶滅危惧種保護法による保護の必要性がなくなりそうな状況です。州議会で新たに提案されるオオカミ管理計画に対するあなたの立場を，専門知識をもつあなたの選挙区の有権者グループに対して，どのように説明しますか？（生徒たちは州下院議員としての役割の中で，提案されたミネソタ州議会法案 第1891号の実物が手渡され，専門家からなる討論会までの約15日間が準備期間として与えられました。）

トンプソン先生は，このオオカミの問題を扱う授業について，以下のように述べています。「生徒たちは，環境収容力という言葉は聞いたことはあります。しかし，オオカミに関する環境収容力が2,000頭であると計算されてきていることは知りません。ですから，生徒たちがこのことを知った段階で，私は彼らに『では，考えてみましょう。私たち人間は今400人以上いますが，それは何を意味するのでしょうか？　オオカミについて話をしてくれた人は，そもそも環境収容力が2,000頭だとどうやって計算したのでしょうか？』と問いかけるのです。このようなやり方をすることで，講義で要点として取り上げてもなかなかうまく伝わらない本格的な生物学の内容にたどり着くことができます。ここまでくると，彼らは個体群動態という概念を積極的に理解し，状況に合わせて応用しないではいられなくなるのです。」

トンプソン先生は，サイドラインに立って生徒たちを積極的に支援する役割，すなわちコーチとしての役割を果たすことで，彼らに目的を達成させようとしています。具体的には，必要に応じて助け船を出し，生徒たちが考えたり手法を試したり解決策を考えたりするのに合わせて助言します。そして，教えたりコーチしたりする場面では，いつ選手にプレイさせるのか，いつどのように選手に介入するかを決めることが重要な決断になります。ある卒業生は，トンプソン先生が自分に「プレイさせよう」と決めた介入の場面について，以下のような思い出を語っています。

外部から人を招いて公聴会を行いましたが，私たちは立ち上がって，何とかして自分たちの立場を守ろうとしました。私は調査の一翼を担ってくれていたグループの代弁をしていたのです。すると最後になってトンプソン先生が，「あなたたちは，オオカミについての自分たちの計画が，この地区に住む先住アメリカ人のみなさんにどのような影響を与えるか，考えたことがありますか？　彼らは，自分たちの宗教的な実践や信念に基づいた，私たちとは違った規範に従っているのですよ」と言ったのです。

これを聞いて私は，「全然気づかなかった！」と言ってしまいました。私たちは完全にこの点を見逃していたのです。だって，私たちは別のところに調査の焦点を当てていたのですから。この経験は，探究をもっと完全なものにすることや異なる視点をもつことの大切さを私に教えてくれました。

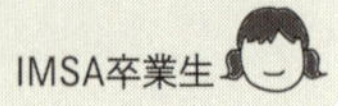

次に，問題のもつ重要な生態学的内容に生徒たちが確実に気づくよう，トンプソン先生が意図的に指導の機会を導入して生徒たちに介入したやり方を紹介します。

今のところ，生徒たちは狩猟のことをほとんど問題としてとらえていないようです。彼らがこの問題の存在に気づくには，私が予想していたよりも時間がかかりそうです。だから，この問題を彼らに提示するのは今だと思います。幸い，私はこれを提示する準備を先にすませていますし，必要な小道具も手元にそろえてありますから，実際にありそうなことを，ちょっとしたドラマを取り入れて行うことができます。私は「来週の火曜日に狩猟場を見学に行こう」とハンターが電話で生徒たちを誘う，という設定を考えています。狩猟場を見学する目的は，狩猟の対象となっている種が関節炎でひどく弱っていること，オオカミは獲物の中で最も弱った個体を狙うこと，しかし狩猟はオオカミのように弱った個体を狙うのではないこと，を理解することです。

トンプソン先生
（IMSA理科教師）

次は，トンプソン先生と生徒の一人，クリスとの会話からの抜粋です。このやりとりは，法案第1891号によって影響を受けるのはミネソタ州内のどの郡なのかについて，もっと情報を集める必要があると考えたクリスと二人のクラスメイトが，ミネソタ州エリにある国際オオカミセンターの専門家と電話で話し終わった直後に行われました。

クリス：彼女（専門家）はこの法案について聞いたことがないそうです。だから，私たちが必要としている本物の情報を手に入れるには，法案をつくった人と話をするしかない，と思いました。

トンプソン先生：そうですか。とりあえず，話を元に戻しませんか。もっと具体的に，あなたが何を見つけ出そうとしているのかを正確に話してください。そして，この電話での会話から何を学んだのかも話してください(現状把握や問いかけを行って,生徒が理解するように促しながら)。

クリス：私たちはオオカミを再導入しようとしている郡を探しているのです。

トンプソン先生：そうですか。最近オオカミがどこで見つかったか，彼女に聞きましたか？（問いかけ)。そういえば先ほどあなたは，環境収容力を超えている，というようなことを言いましたね。

クリス：ええ，それは彼女の言ったことです。

トンプソン先生：環境収容力に関して，具体的な数値を聞きましたか？（問いかけ)。

クリス：いいえ。

トンプソン先生：そうですか。だとすると，あなたのもっている情報はばらばらですね。問題は，あなたがどうやってこれらを結びつけるか，です。私があなたたち三人の立場だったら（モデリング),「私はこの電話での話から何がわかったのだろう？　この法案から何を知ったのだろう？（問いかけ)」，そして「私が次に知るべきことは何だろう？」と自問すると思います。そうすれば，みんなのいる部屋に戻ったときに(グループ活動の運営),「見て！　私は今これとこれがわかった。でも，環境収容力って何だろう？　わからないこともたくさん出てきた」とみんなに報告ができるでしょうね。

クリス：彼女は，法案にとても興味を示してくれました。

トンプソン先生：そうですね。しかし，大切なポイントを見落としてはいけません。あなたは，自分のやっていることに関心をもってくれているまさにその人に話をしているのですよ。突然立場が代わって，他の人があなたに知識を与えているのではなくて，あなたがその人に知識を与えているのです。あなたは問題についてよく知っている立場にいるのです（ロール・プレイとドラマの使用）。だから，そのことについて自信がもてているうちに，次のレベルの問いかけに目を向けましょう。彼女は私たちにこのことを話してくれました。それからどうなると思いますか？（メンタリング）。

このコーチングのやりとりが示しているように，そして私たちの経験や他の人たちの取り組みの観察から学んだように，何をどのようにコーチするか，には大きく分けて二つのプロセスがあります。

・現状把握，メンタリング，問いかけ，モデリングをとおして，学習者の思考を表現させ促進させると同時に，彼らをより深いレベルの理解へと導く。
・授業で行っているPBLのプロセスそのものを管理運営する。具体的には，PBLのプロセスを適宜変更する，ロール・プレイとドラマを使う，グループ活動を促進する，学習者の取り組みを観察する。

継続的なコーチングが，これら二つのプロセスを可能にすると同時に，PBLに組み込まれた指導と評価をも可能にするのです（図6.2参照）。

▼ 図6.2　学習者の意味構築を促すコーチング

主体的なコーチとしての教師

理解を促進させる
- ニーズを把握する
- 学びをメンタリングする
- プロセスを活性化する
- 思考を問いかける
- 探究のモデルとなる

進め方を管理する
- PBLの進め方を状況に合わせて最適化する
- ロールプレイや寸劇を取り入れる
- グループ活動を活性化させる
- 取り組み状況を観察する
- プロセスの中での評価を行う

探究の核となる問題
- 探究を絞り込む
- 必要な指導を組み込む
- 学びを評価する

主体的な学習者としての生徒

思考する
- 問いかける
- 調査する
- 状況に合わせて順応する
- 計画する
- 評価する
- 意味を構築する

4. 学習者の理解を促す

教師はPBLを実践する際に，学習者の問題解決の取り組みに歩調を合わせて，彼らの思考，探究，メタ認知をコーチしなければなりません。このプロセスは，現状把握，メンタリング，問いかけ，モデリングの四つから成り立っています。

(1) 現状把握

学習者の理解を促すためにコーチが果たすべき重要な役割は，教育的な診断（現状把握）です★15。コーチとしての教師は，学習者が問題やその解決策をしっかりと理解しないままPBLの体験を上滑りしていくようなことのないように，彼らの学びのニーズと取り組みのレベルを把握しなければなりません。教師は彼らを観察し，彼らが言っていること（あるいは言っていないこと）を聞き取り，PBLの中に組み込んだ評価の結果をよく見て，学習者に問いを投げかけるのです。

現状を把握するもう一つの方法は，トンプソン先生がPBLの授業の始めにやったように，問題について現時点で理解していることを学習者にクモの巣図にして図解させる方法です。個々の学習者は，根拠の明確化，適切な情報の探索，グループで今議論されている概念の理解に懸命になっているかもしれませんし，問題そのものの理解に懸命になっているのかもしれません。教師は，個々の学習者を支援したり，グループで支援し合うように働きかけたりすることをとおして，彼らの活動に入り込むことができます。私たちは，そのような場面では次に示すような的をしぼったメタ認知的な問いかけを行うのがよいと考えています。それは，「必要な情報源は全部見つけることができましたか？」，あるいは「その情報をまとめたやり方は，あなたにとって納得できるやり方でしたか？」というような，いくつもの場面で出合うであろう困難を乗り越えさせるための問いかけです。

私たちのPBLコーチングのモデルにおいて，「教える」という言葉は禁句★60ではないことを，私たちはここできちんと確認しておきます。上手なPBLの教師は，学習者の学びのニーズの現状を把握し，彼らが必要としている支援を適切に提供します。学習者が問題の背景や事実に関する知識を必要としているときや，特定のスキルを身につける必要があるときには，指導を適切に組み込むこともあります。たとえば，クリスとトンプソン先生の会話の中で示されているように，電話を用いて情報収集が行われた日に，かなり多くの生徒たちが長距離情報サービスの使い方を知らないことにトンプソン先生は気づきました。そこで彼は，生徒たちがあちこちへの電話かけに四散する前に，短く集中的にこのサービスの使い方の解説を行いました。

(2) メンタリング

学習者の理解を促すもう一つの重要な部分は，学習者に対するメンターとしての役割です★48。PBLにおいて教師（メンター＝先輩ないし指導者）は，学習者（メンティーまたはプロテジェ＝経験の浅い人）たちの視点を探り出して評価します。コーチは，学習者に対してなすべきことや考える方法を教えることで彼らの思考を奪うのではなく，学習者の思考の最先端で問いかけを行うことで彼らに意欲をもたせる役割をもっています。一方，メンターはメンティーとともに学ぶ者であり，学習に対して，現在の理解から新しい複雑な理解へと橋を架けるように働きかける役割をもっています★26。メンターの役割も受け持つ教師は，思考を前進させるよう学習を支援しながら，しかし同時に，強く促しすぎて学習者がイライラしたり，あきらめたりしないように気をつけながら，PBLの体験全体を通し，学習者の意欲が適切なレベルに維持されるように配慮しなければなりません。

トンプソン先生をはじめ多くの教師が学習者をメンタリングする際のやり方の一つに，思考の記録があります。それは，たとえば教師が「捕食者についてあなたは現在どのように理解していますか？」というような焦点をしぼった問いかけを思考の記録に書き込み，学習者がその問いに対する回答を記入し，さらに教師が学習者の回答を読んで返事を書く，というものです。このようなやりとりは，学習者の思考や潜在的なイライラの度合いを測るのに役立つだけでなく，PBLの授業に組み込まれた評価として活用することもできます。

(3) 問いかけ

教師は，学習者の理解を促進させるために，独自性，妥当性，先入観のチェック，対立意見への配慮を含むしっかりとした論理的な思考を，学習者がきちんと維持するように配慮しなければなりません。そのための最良の方法が問いかけなのです。思考を深めさせるために学習者の様子を把握したり，考えを見直すように働きかけたりするための問いかけをうまく行うことで，学習者は問題をはらんだ状況の新たな側面へ思考を広げることができるようになるだけでなく，クリティカル・シンキングもできるようにもなります。また，問いかけは，探究活動の目標設定に向かうよう学習者を促したり，目標設定そのものを促したりするのにも使えます。

構造化されていない問題に取り組む中での問いかけのあり方を考察するには，表6.1に示すカレン・キッチナー★74の認知プロセスの3段階モデルが役立ちます。その3段階とは，以下のとおりです。

・認知
・メタ認知
・認知に関する認知（認知観）

認知の段階は，情報をもとに計算したり，その意味を読み取ったり感じ取ったり解釈したりする段階です。メタ認知の段階での問いかけは，学習者が自分

▼ 表6.1　思考と問いかけの3段階

レベル1： 認知 （思考）	レベル2： メタ認知 （思考に関する学び）	レベル3： 認知に関する認知 （認知観） （構造化されていない問題における認知の性質）
教師からの問いかけ： ・何を学びましたか？ ・それは確かですか？ ・ここで重要なことは何ですか？ ・このことは，私たちが取り組んでいる問題にどのような意味をもちますか？ ・○○○○を主張する根拠は十分ですか？	教師からの問いかけ： ・自分の目標や取り組み方を変更する必要がありますか？ あるとすれば，それはどのような変更ですか？ ・今までのところ，どのような情報源が最も役に立ちましたか？ ・（進め方や取り組み方など）について，考えてみましたか？	教師からの問いかけ： ・どうやって知ったのですか？ ・私たちの知ることができるのはどこまでですか？ またどの程度の確かさで知ることができるのですか？ ・争点になっていることとは何ですか？ ・問題記述に含まれている判断基準に最も適しているのは，どのような解決策ですか？

Torp & Sage (1998), p.71. より　資料：Kitchener (1983).

▼ 表6.2　PBLの教師としての問いかけのガイドライン

- 学習者が話していること，話していないことの両方を，積極的に聞き取る。
- 豊かな内容を盛り込んで回答できるような問いかけをする。
- 認知の３段階すべてにおいて問いかけをする。
- 「はい・いいえ」や単語で答えられるような問いかけはしない。
- 学習者が十分に考えられるよう，ゆっくりと回答を待つ。
- 学習者間でできるだけ多くの話し合いが成立するように促す。
- すぐに間違いを訂正したり干渉したりしたくなる誘惑に負けない。
- アイディアを大切にし，きちんと理由づけするよう働きかける。思考を広げるように問いかける。
- データや仮説，情報の出所などを問いただす。
- 学習者の主張の「正しさ」を暗示するようなフィードバックは避ける。学習者に頻繁に問いかけることで，問いかけが「間違い」を暗示するだけのものではないことを理解させる。

Torp & Sage (1998), p.72. より

自身の思考プロセスを観察して，適切な取り組み方を考えるよう彼らを促すのに役立ちます。認知に関する認知（認知観）とは，問題というものの本質についての個々人の理解のあり方を意味し，知ることの限界とあいまいさ，知るということの枠組みについての理解を含んでいます。表6.2に，コーチとしての教師がPBLで問いかける際の一般的な指針を示します。

(4) モデリング

学習者の理解を促すための四つ目の方法は，教師自らが，学習者に要求する思考方法の手本を示すモデリングです。モデリングには，複雑さやあいまいさを受け入れる心の広さや，あいまいな状況に取り組む際に必要な積極性を手本として示すことも含まれています。他の人から話を聞き，話の内容を受け入れる広い心を保ち続けることが必要な場面などで，忍耐する姿を手本として見せることもあります。私たち教師がコーチとしてすべきことは，自分自身の思考や問題解決のあり方について学習者に話し，手本を示すことなのであって，情報を分け与えるということではありません。自分自身の思考の長所や短所を具体的に示したり，あるいは，実際に過去に問題解決によって学んだことを伝えたりすることをとおして，メタ認知の手本を示すこともできます*。教師とは，学習者とともに歩むもう一人の学習者として意欲と能力を手本として見せる役

＊自分が考えていることやメタ認知を手本として示す最も効果的な方法に，「考え聞かせ」がある。『「読む力」はこうしてつける』（吉田新一郎著　新評論）や『理解するってどういうこと？』（エリン・オリバー・キーン著　新曜社）が参考になる。

割なのですから，おそらく最も大切なことは，学習者の視点をしっかりと認識したうえで他者のアイディアや意見を尊重する手本となることです。

5. PBLの進め方を管理する

コーチ役を担う教師が次に大切にすべき点は，個々のPBLの授業において，PBLの進め方をしっかりと管理することです。具体的には，学習者の取り組み状況に合わせて進め方を変更したり，ロール・プレイとドラマを使ったり，グループ活動を活性化したり，学習者の取り組みをよく観察したりすることなどが挙げられます。

(1) より適切な進め方への変更

第４章で私たちが示した教えと学びのテンプレートは，あくまでもPBLを実践する枠組みの提案であって，厳密な処方箋ではありません。第２章では，構

▼ 図6.3　オオカミの問題についての最初の問題の図解

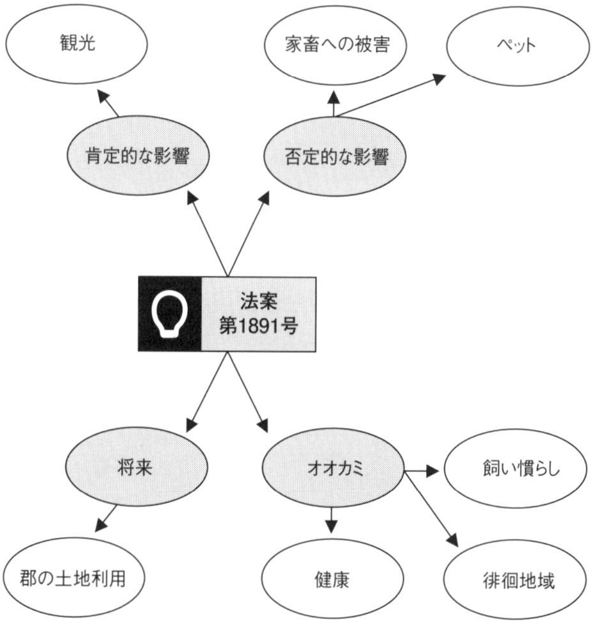

観光
家畜への被害
ペット
肯定的な影響
否定的な影響
法案
第1891号
将来
オオカミ
飼い慣らし
郡の土地利用
健康
徘徊地域

Torp & Sage (1998), p.73. より

▼図6.4　オオカミの問題についての途中段階での問題の図解

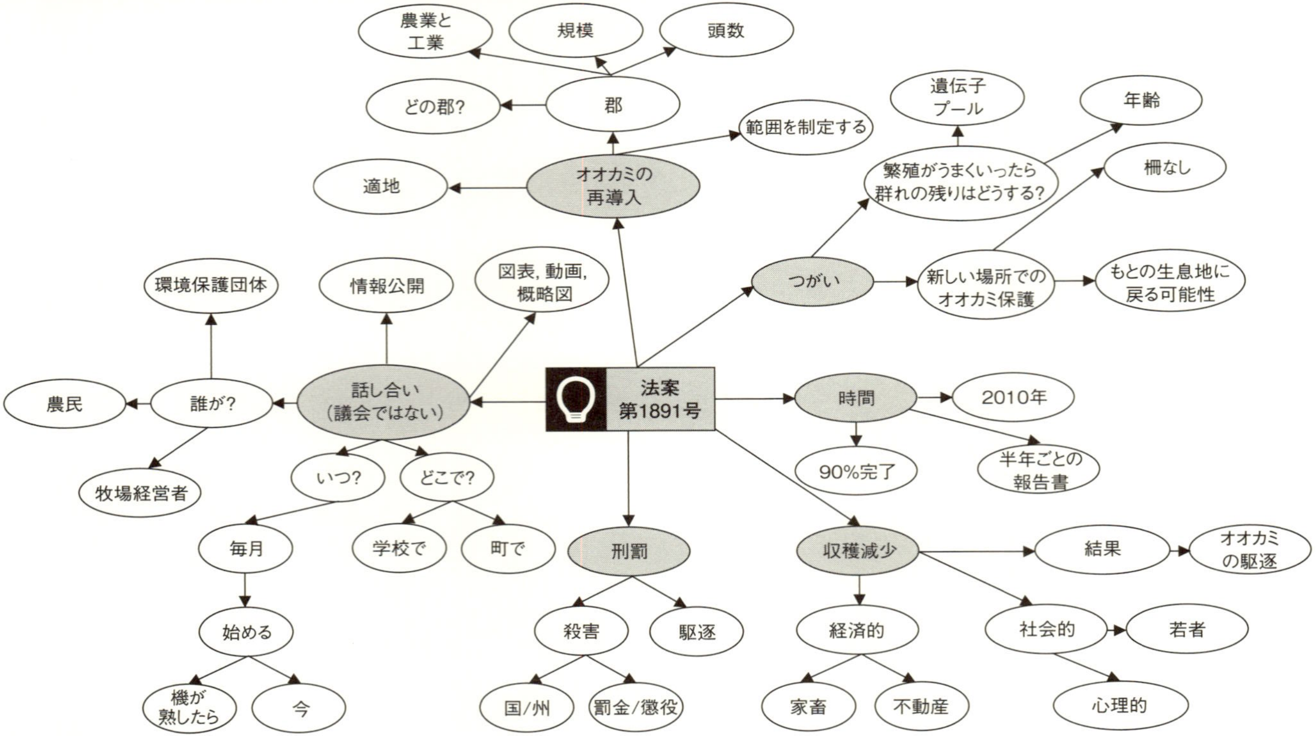

Torp & Sage (1998), p.74. より

造化されていない問題を学びの中心に据えるというPBLの最も重要な特徴と，PBLにとって本質的な要素を示しました。しかし，これに制約されることなく，学習者の実態に応じて教えと学びのテンプレートに柔軟性をもたせてもかまいません。私たちは，デイビッド・パーキンスが「実利的構成主義」と呼ぶ，「あるアプローチが学習者の学びに役立たないとわかったら別の方法を試せばよい」★97という考えを用いることもあるのです。教師の中には，たとえば，学習者が「知っていること」や「知るべきこと」を明確にする前に，「問題記述」に取り組ませる人もいます。それはその教師が，はじめに問題の性質を明確にすることが「知っていること」や「知るべきこと」をより絞り込んでくれる，と信じているからなのです。

「知っていること・知るべきこと」や「問題記述」に，クラス全体で取り組ませている教師もたくさんいます。一方，オオカミの問題を扱ったときのトンプソン先生のように，クラス全体で一緒に「知っていること・知るべきこと」に取り組む前に，生徒たちを小グループに分けて，各グループで「知っていること・知るべきこと」リストをつくらせている教師もいます。トンプソン先生がそうしようと決めた一つの理由は，彼の担当する生態学のクラスには，クラス全体で考えを共有するよりも小グループでやるほうが取り組みやすいと感じるような引っ込み思案の生徒がたくさんいたことでした。彼は，提出法案に関して生徒たちがもっている情報が不十分なために問題記述があいまいすぎて使い物にならないと感じ，PBLを開始して数日経ってから問題記述を始めさせたこともありました。図6.3と図6.4は，問題についての生徒たちの理解や基礎知識の変化を表しています。

(2) ロール・プレイとドラマの使用

学習者に問題に取り組ませる際にロール・プレイを用いる場合，あまり親しみのない役割を彼らに演じさせることになることがしばしばあります（役割の選定＝ロール・プレイについての詳細は，第5章参照）。ロール・プレイがうまくいくかどうかは，役になりきることに対する懸念を払しょくできるかどうかにかかっています★32。あなたがコーチとして，学習者が問題と密接に関わる関係者の役割をきちんと担ってロール・プレイができるところまで彼らの気持ちを引き上げることで，学習者は問題を自分のものとしてとらえ，解決に尽力するようになります。そのためにコーチは，役割を果たすために必要な心の準備をさせるために，ロール・プレイというやり方について彼らに議論させたり，彼らをその気にさせる舞台の小道具と背景を提供したりするのです。

オオカミの問題を扱ったトンプソン先生の授業では，生徒たちは州議会議員の役割を担ったのですが，彼は生徒たちに問題を示す前日に，映画や劇を見るときの心構えに似た「真実として受け入れようとする態度」について説明する機会を設けて，彼らに心の準備をさせました。そして翌日，トンプソン先生は生徒たちが教室に入ってくるのに合わせてPBL開始の合図を送り，その合図によって彼らは，州議会議員の役になるのは今だ，とわかったのでした。また，授業全体をとおして彼は，州の紋章や各議員の机上名札など本物そっくりの小道具セットも使いました。

(3) グループ活動の活性化

PBLを進める中で教師が果たすべきもう一つの重要な役割は，グループ活動をしっかり行うよう学習者に働きかけることです。グループ活動は，多様性やチームワークに対する理解を深めるのに役立つだけでなく，創造的な問題解決スキルなどの高次の思考スキル*を身につけるのにも役立つのです★37。協働的なグループ活動と，複雑で構造化されていない問題の解決に対する優れた取り組みとの関連性も，指摘されています★102。PBLのクラスではたいてい，グループ活動の経験を（よかれ悪しかれ）たくさんもっている学習者が何人かいます。しかし，他の多くの学習者にはそのような経験はありません。PBLでは基本的に，情報収集や共有，解決策の発表などにグループで取り組むことが求められていますから，グループ活動を効果的に準備し運営することは重要なことです。PBLにおける教師には，特にグループ活動の経験のない学習者に対して，以下の項目について心の準備をさせることが必要だと考えられます。

- 他の人の話をよく聞くこと
- 聞いた内容についてよく考えること
- 全員が参加するように働きかけること
- グループ全員で情報を共有すること

***高次の思考スキル**：クリティカルで，論理的，内省的，メタ認知的，創造的思考スキル。識別，簡単な応用・分析，知識の獲得などの低次の思考スキルと対比される。（出典：http://www.cala.fsu.edu/files/higher_order_thinking_skills.pdf）

・みんなで協力してアイディアをつくり出すこと
・グループが結論を出す段階にきたかどうかを判断すること
・個人としての説明責任とグループとしての説明責任を果たすこと

エリザベス・コーエンの著書『グループ活動のデザイン』★[37]と，スペンサー・ケイガンの著書『協同学習』★[71]には，学習者にグループ活動への心構えをさせたり，PBLの取り組みの際にグループ活動で生じる課題に助け船を出したりするのに役立つすばらしい提案が紹介されていて，グループ活動活性化の参考になるでしょう。

グループ活動によく見られる二つの困難は，（学習者にとっては）情報の共有であり，（教師にとっては）取り組みの評価です。PBLにおける情報収集でよく用いられる方法は，クラス全体で明らかにした「知るべきこと」を各グループでいくつかずつ分担して調査する，という方法です。各グループが集めた情報をクラス全体でうまく共有するには，ジグソー法を用いるのがよいでしょう。「知るべきこと」について情報収集を行ったグループの学習者が，分担して調査した「知るべきこと」に関する専門家となり，新たなグループ分けを行って一人ずつが新しいグループに分かれて入ることで，解決策をつくるために不可欠な専門領域の専門家がすべてのグループに配置される，という方法です。特に年齢の低い子どもを担当する教師には，情報収集に当たった専門家グループに，クラス全体での発表会の場で収集した情報を発表してもらうようにしている人もいます。発表会は，視覚的に行う場合もあれば口頭で行う場合もあります。いずれにしろ，学習者に情報収集・共有に取り組ませる際には，問題の複雑さや本質を理解することができる程度に十分に長く時間をとる必要がある一方で，反復的な活動に飽きてしまったり耐えるだけになったりしないよう配慮することも，教師の大切な役割です。

グループ活動における取り組みの評価は，個人としての説明責任（評価）とグループとしての説明責任（評価）の両方を含めなければいけません。これを実現するために，問題に取り組み，解決策の発表を計画することをグループとしての説明責任として評価し，一方でその間の思考の記録をもとに個人評価を構成する教師もいます。また，活動の中で最高のパフォーマンスとなるプレゼンテーションや展示発表，ビデオ発表などを採点するための評価基準表を，学習者と一緒に作成する教師もたくさんいます。評価基準表を一緒に作成することで，グループ全員が発表の機会を自分のこととしてとらえる意識を強くもつことができ，さらに，どのような項目や指標が評価を構成するのかを知ることもできるのです。

(4) 学習者の取り組みの観察

最後になりますが，PBLの進行全体をとおして，教師は学習者の取り組みから目を離さず，活動に参加していない学習者に対しては必要に応じて介入していかなければなりません。トンプソン先生は，クラス全体から物理的に距離をおいてしまう生徒や，情報収集に実質的に貢献しない生徒を何人も目にしました。彼のPBLの授業時間の大部分はクラス全体での話し合いであり，小グループで収集した情報を全体で共有する時間でした。そこで彼は「トーキング・チップ」★71を使うことにしました。トーキング・チップというのは，あらかじめ全生徒に同じ数のチップを渡しておき，発言のたびにチップを１枚使うという方法です。生徒たちは話し合いに積極的に参加して自分のチップを使い果たさなければならないのですが，逆に，チップがなくなってしまえば発言できなくなります。このやり方はグループの話し合いを支配しようとするような学習者に対しても効果的です。教師は，問いかけの内容や問いかけ方を見直すことで，彼らが問題解決の取り組みから離れてしまう理由を自ら明らかにしていく必要があります。また，やる気をもてる探究分野を見つけられるよう学習者を促す必要もあるでしょう。

6. 指導と評価を組み込む

> 授業における評価の最も重要な目的は，授業を活性化させ，学びを改善することです。このことは，評価を授業の結果として行われる１回限りのイベントとしてではなく，授業とともに進行するプロセスとしてとらえるべきであることを示しています。学びの評価において，授業と評価が相互に支え合う関係にあることは当然のことなのです。一つの面が連続的にもう一つの面につながるメビウスの帯のように，評価はよい授業を映し出す鏡となるべきものであり，同時に，授業を改善する手立てとなるべきものなのです。
>
> マクタイ★85

カリキュラム，指導，評価の関係をきちんと理解しない限り，この章で取り上げるすべてのコーチング手法を一体のものとして把握することはできないでしょう。PBLの体験全体をとおして継続的に評価を行うことは，学習者の学びのニーズを見極め，現実的なさまざまなやり方で指導を組み込むのに役立ちます。

組み込まれた指導とは，学習者が問題について重要な情報を探し出す活動を支援するために，PBLを担当する教師が計画する，学びの機会のことです。教師は，PBLの授業を計画する段階で，あるいは，PBLの授業を実践している最中であっても，学習者が情報を入手する必要性に直面したときに指導を組み込むことができます。たとえば，問題に関して最も重要な情報は人が握っている場合が多いので，地域在住の専門家を，学習者との話し合いのために，あるいは学習者のメンターとして招待することを計画することがあります。このような指導の機会は，学習者が専門家から一方的に話を聞く機会というよりはむしろ，学習者が自分で見出した「知るべき」疑問を専門家に投げかける質疑応答の時間となる場合がほとんどです。

私たちが出会った教師の中には，はじめのうちは「特定の内容やスキルについて指導を組み込むことは，PBLのような構成主義的手法では許されない」と考えている人もいましたが，これはまったく逆なのです。問題をはらむ状況は，確実な情報を入手する必要性を感じさせるのに十分な文脈を学習者に提供します。そして，授業をとおして学びが現実の文脈の中に組み込まれるのです。たとえばトンプソン先生は，オオカミの問題を設計する中で，捕食を考える際には狩猟が一つの重要な側面となると考えました。しかし，情報収集の最終段階になっても，提出された法案における狩猟の視点の重要性を生徒たちが認識していなかったので，彼は狩猟に直接触れる指導の時間（この章で先に述べた狩猟場見学）をとりました。彼は同僚にハンター役を頼み，この法案に激怒して学校敷地に接する狩猟場を調査してほしいと頼み込む電話をかけてもらうことで，現実を反映させる形でこの見学を組み込みました。また，地域の動物園やオオカミ公園でオオカミを観察する野外観察を組み込んだこともあります。学習者が情報収集や問題解決に必要な知識を身につける必要性を感じたときに，小グループ単位で手紙の書き方，計算の仕方など必要なスキルについての取り組みを計画する教師もいます。

組み込まれた評価は，問題解決の一連の流れの中のさまざまな段階で，学習

▼ 表6.3　PBLにおける評価の可能性

PBLのプロセス	成果物	評価形式	評価基準
問題の明確化と特定 教師の役割：学習者の現時点での個々の問題記述を読み，聞く。	問題記述	ジャーナル 問題の図解 口頭発表 ポスター発表 概要の作成 問題記述の掲示	問題の特徴，問題の複雑さ，取り組みの可能性，問題解決の可能性などを考慮している。
計画書の作成 教師の役割：タスクを確認し，学習者が計画を明確にするのを聞く。	計画書	タスク分析 タイムライン ガントチャート フローチャート 手順書 企画書 予算書	用いるタスクが包括的，論理的，明確で，問題の特徴に関係するもので，かつ，そのタスクが剰余変数を制御できている。
データの収集と推論の検証 教師の役割：学習者の記録や収集データを確認し，思考の記録に目をとおす。	データの記録 ツールの活用 スキルの実践	表 図表 フィールドノート 顕微鏡の使用 適切な機器の使用 聞き取り調査 観察 記録を使った小テスト	データを正確に記録している。 ツールを正しく用いている。 スキルを適切に実践している。
データの分析 教師の役割：学習者の作成する表やグラフ，分布図などの図表に目をとおし，分析する。	収集した情報のまとめ 度数分布表や統計表	データに裏付けられたまとめの記述 根拠の蓄積	正しい統計手法を用いている。 論理的に解釈している。 協働的に共有している。
最高のパフォーマンスの場の創造 教師の役割：学習者のパフォーマンスを観察し，評価する。	発表会・リサイタル	ニュース記事 詩 決定事項 推薦 議論 スピーチ ディベート	創意工夫が表現されている。 解決策や決定事項が問題の定義と結びついている。 問題に含まれている変数を解決策に組み入れている。

Torp & Sage (1998), p.77. より　出典：Musial (1996).

者の思考のありようを教師に伝えてくれます。また，この評価は学習者に，教えと学びの活動の間の関係の理解や，問題解決の取り組みにおける学びを促してくれます。このような継続的な評価は，学習者の実態や問題体験の内容に応じてさまざまな形で行うことができます（表6.3参照）。評価の結果に基づいて教師は，指導の機会を使って問題の向きを変えたり，問題の部分的あるいは全体的な理解を支援するために個別に対応が必要な学習者に働きかけたりするのです。

トンプソン先生はオオカミの問題の授業で，組み込まれた評価を二つ用いました。それは，問題の図解（図６.３と図６.４参照）と思考の記録です。彼は，生徒たちの作成した図解に目をとおすことで，その時点で生徒たちがどのような学びを必要としているかを把握しました。また，問題について理解したことを生徒たちに何度も図解させて，図解の変化の様子や生徒たちの図解と専門家の図解との比較を評価として用いました。さらにトンプソン先生は，問題解決の過程で生徒たちが記入する思考の記録を定期的に読み，返事を書くことで，生徒たちの取り組みの進捗状況を評価し，彼らがどのような学びを必要としているかを把握し，彼らの学びを支援しました。(PBLの授業におけるパフォーマンス評価の方法については，表６.３参照)

7. まとめ

この章では，PBLの実践において，コーチとしての教師の役割と，積極的な学習者の役割について紹介し，教師は，なぜ，何を，どのようにコーチするのかについても説明しました。そして最後に，PBLの一連の流れ全体をとおして，学習者の理解を促し，PBLの進行を管理し，指導と評価を組み込むという，PBLコーチの果たすべき主な役割についても詳しく紹介しました。

第7章

PBLにおける評価のあり方

PBLの授業を計画するときは，もちろん最初に学習者の姿を思い浮かべます。目標も明確になりました。どのスタンダードをターゲットにするかを決め，PBLの流れをしっかりと設計して，十分な情報源の準備も終えました。しかし，評価についてはどうでしょうか？　1993年に行われたASCD*のイリノイ州支部の会議で，ロジャー・ファーは評価について，その本質を掴む次の一文を，信念をもって語りました。「一つを見て，どうしたらそれがよいものだとわかるのでしょうか？」。この章では，評価の前提となる事柄に簡単に目をとおし，そのあと，PBLの枠組みにおける評価のあり方について考えましょう。

1. 評価の構想

スティーブン・コヴィーは，著書『7つの習慣』の中で，七つの習慣のうちの一つを，今では有名となった「目的をもって始める（終わりを思い描くことから始める）」★39という言葉で表しました。著者の一人は，教育職に就く前に大手テレビメーカーで生産計画責任者として勤務していましたが，そこで「目指すところに到達するためには，自分がどこに向かっているのかを知らなければならない」ということを早々に学びとりました。PBLであろうとなかろうと，このことはカリキュラムを設計する際に特に大切な概念です。

---

*ASCD：カリキュラム開発と学校・学級経営協会（the Association for Supervision and Curriculum Development）。教員組合を除くと，米国の教育関係で最大の団体。良質の教育情報を長年発信し続けており，本書もその数ある中の一冊。ホームページは，http://www.ascd.org/portal/site/ascd

(1) 指導の原理

『カリキュラムと指導の基本原理（未邦訳）』★128の中でラルフ・タイラーは，カリキュラムの計画と評価について，今日でも十分に通用する四つの問いかけを提示しています。この四つの問いかけに，PBLの議論に直接応用できる問いかけをいくつか追加して以下に示します。

①学校は，どのような教育目標を設定すればよいのだろうか？

・国のスタンダードは，学習者の知るべきこと，応用すべきこと，評価すべきことを決める際に役に立つのだろうか？
・州のスタンダードのうちどれが妥当なのだろうか？
・あなたの市町村の教育委員会では，学習目標やスタンダードは明確になっているのだろうか？
・あなたが学習者に求める目標は何だろうか？

②教師は，これらの目標を達成するのに役立つと思われる学びの体験を，どのように選択すればよいのだろうか？

・発達段階から考えて，学習者にとってどのような学びの体験が適切だろうか？
・あなたは，学習者の興味関心に十分配慮しているだろうか？
・学びの体験の選択に関与すべき人は誰だろうか？

③授業を効果的にするには，学びの体験をどのように構成すればいいのだろうか？

・指導案通りの一斉授業？
・発見学習*？
・概念理解**？
・PBL ？
・どのような指導法が，設定した目標と選択した学びの体験に適しているだろうか？

④学びの体験の効果を測定するには，どうしたらよいのだろうか？

・あなたが意図したことが実際に起こったかどうかを知るには，どうしたらいいのだろうか？
・学習者は，あなたが学んでほしかったことを学んだのだろうか？
・彼らは，それをどれだけしっかりと学んだのだろうか？　何がその根拠になるの

***発見学習**：p.35の表２.２の「発見型探究」と同じ。
****概念理解**：認知心理学の生みの親の一人として有名なジェローム・ブルーナーらによって概念形成はどのように行われるかということに基づいて開発された手法。

だろうか？
・この学びの体験は，繰り返すほどの価値があるのだろうか？
・この学びの体験は変更すべきだろうか？　もしそうだとすればどのように？

ラルフ・タイラーも私たちと同様，教師と教師の担っている大切な仕事に多大な敬意を払いました。タイラーは，教師による評価の実践と常識を用いる必要性を説きましたが，彼は自責の念を込めて「常識の唯一の問題点は，めったに用いられないことです」とも述べています[★105]。

タイラーは，学びは学習者の主体的な姿勢から生じる，と考えました。言い換えれば，学習者は，教師のすることを見たり聞いたりすることによってではなく，自ら実践することによって学ぶ，ということです。ロジャー・ファーが言ったように，学習者の取り組みを見て彼らが学んだかどうかを知るためには，私たちは教育に携わる者として，学習者に知ったりできるようになったりしてほしいことを明確にしておく必要があります。

(2) ブルームの分類*

長年にわたって多くの人々が，学びの状況を観察することで学びの内容を把握する方法の開発に携わってきました。その研究者の一人が，ベンジャミン・ブルームです。彼は同僚のクラスウォールとともに，学びに重要な意味をもつ知的言動を互いに重なり合う，認知，情意，運動の３領域に分ける分類システムをつくりました[★18]。

授業の中では私たちは，「認知領域」を構成する以下の６分野に分類される言動にもっぱら関心を抱きます。認知領域は特定の言動によって特徴づけられ，ある種の動詞がその言動を伴う活動の分野を指し示しています（つまり，生徒たちの活動を表現する動詞が，認知領域の分野を言い当てるのです。表７.１を参照）。

「情意領域」は，楽しむ，尊重する，支持するなどの，感情，態度，認識，価値に関連しています。この領域には，興味・関心・責任感のある態度を示す言動，他者の話を聞き応答する能力を示す言動，学習状況や学習分野に適した

***ブルームの分類**：本書で紹介するブルームの分類は1956年に提唱されたものだが，この分類は，そのあと1999年にローリン・アンダーソンらによって，記憶，理解，応用，分析，評価，創造の６分類として改訂されている。

▼ **表7.1　認知（＝思考）領域を表す動詞のリスト**

知識	並べる	箇条書きにする	認識する
	明確化する	記憶する	関係づける
	複製を作る	名前をつける	思い出す
	ラベルづけする	順序を決める	繰り返す
理解	分類する	特定する	言い換える
	記述する	指し示す	再検討する
	議論する	在処を見いだす	選択する
	説明する	関係づける	変換する
	表現する	報告する	
応用	応用する	描き出す	図に表す
	選び出す	解釈する	解決する
	実演する	操作する	使う
	ドラマ化する	実践する	書く
	利用する	計画する	
分析	分析する	対比する	調べる
	見積もる	批判する	実験する
	計算する	識別する	問いかける
	分類する	弁別する	検証する
	比較する	区別する	
統合	配置する	設計する	準備する
	組み立てる	つくり出す	提案する
	集める	定式化する	準備を整える
	合成する	管理する	書く
	構成する	組織化する	
	創造する	計画する	
評価	見積もる	弁護する	採点する
	議論する	推定する	選択する
	評価する	価値を判断する	支持する
	価値を認める	判定する	尊重する
	選ぶ	予想する	
	比較する	程度を見積もる	

態度をとる能力を示す言動が含まれます。

「運動領域」における学びは，協応運動，巧緻な操作，動きの美しさ，力強さ，速さなどの運動スキルをとおして表現される，微細運動（手先を使う細かな運動）や粗大運動（走る，飛ぶなど全身を使う運動）のスキルを使った活動です。この領域を表す動詞には，曲げる，つかむ，手で扱う，操作する，届く，手を伸ばして取る，力を抜く，身をすぼめる，伸ばす，書く，実演する，などがあります。

(3) 理解の6つの側面*

グラント・ウィギンズとジェイ・マクタイは，貴重な学びの成果をもっと明確に見極めることができるように，評価の観点をより明確にする研究を続けました。彼らはその著書『理解をもたらすカリキュラム設計』の中で，「理解の6つの側面」★137を提唱し，学習者理解のための新たな視点を提供しています。

- 「説明」：単に「なんであるのか」だけではなく，それについて「なぜなのか」「どのようにそうなるのか」についても表現すること
- 「解釈」：説明を自分自身の経験の中に落とし込むこと
- 「応用」：学びの体験から知識やスキルを獲得し，それらを異なる状況の中で（別のときに，別の場所で，異なる教科で，異なる背景でなど）用いること
- 「視点」：一つのことを調べ，独自の洞察力や視点を獲得すること
- 「共感」：他者の感情や世界観に入り込むこと
- 「自己認識」：何を知っているのか，何を知っていないのか，自分の（教養，無知，やり方などの）思考や行動の枠組みが，自分の知覚をどのようにゆがめたり形づくったりするのか，を知ること

これら6つの「側面」は，理解とはどのようなことかについての理論ではなく，教育者が学習者の行動を見たときに学習者が理解しているのか誤解して

***理解の6つの側面**：ここで紹介されている6つの側面は，日本で一般的に知られている理解のとらえ方をはるかに押し広げてくれている。もう一つ（より入手しやすい）資料を紹介しておく。タイトルもずばり『理解するってどういうこと？』（エリン・オリバー・キーン著　新曜社　2014年）。特に，p.38-41を参照。

▼ 表7.2 「理解をもたらすカリキュラム設計」における理解の側面とPBL

理解の側面	説明	解釈	応用
視点	利害関係者の視点は，自らが関連する説明の細部に影響を与えるだろうか？	利害関係者の視点は，状況に関するその人の事実解釈をゆがめるだろうか？	利害関係者が状況の中に持ち込むスキルや知識は，実施可能な解決策や問題解決に影響力をもつだろうか？
共感	学習者は，問題を共有していることを真に認識すれば，他の利害関係者の感情や価値観に気づくことができるだろうか？	学習者は，実施可能な解決策を考え出す際に，他の関係者の立場に配慮するだろうか？	学習者は，実施可能な解決策を考え出す際に，さまざまなスキルと知識基盤の相乗効果を考え，具体化するだろうか？
自己知	学習者は，説明には何層もの階層があることを認識するだろうか？ つまり，知識の不十分さとさらなる調査の必要性を認識するだろうか？	学習者は，他者の世界観に入り込めるほど十分に，自分が何者であるかを棚上げにしておくことができるだろうか？	学習者は，適切な知識やスキルを効果的な問題解決に応用するだろうか？ 学習者は，問題解決の中で学んだことを，このコースで，他のコースで，あるいは人生の中で活用できるだろうか？

いるのかを把握する方法に関する理論である，とウィギンズとマクタイは述べています。学習者の理解の度合いを示す作品やパフォーマンス（報告書，物語，プレゼンテーション，劇，模型，実験など）をとおして，私たちは何を見たり聞いたり体験したりできるのでしょうか？　まるで宝石の一つひとつのカット面の輝きが宝石全体の価値を決めるように，評価の一つひとつの側面とそれらの評価の全体像への寄与の明確さが，学習者の理解を把握するのに必要な私たちの洞察力を向上させてくれるのです。多くの側面からの評価は，どんな側面であれたった一つの側面からの評価よりはるかに多くを私たちに語ってくれます。表7.2は，PBLの実践の中でこれら6つの側面を評価するために，教師が投げかける質問のマトリックスです。たとえば，学習者が問題を解決しようとする中で，「共感」の効果は何なのでしょうか？

2. 評価

PBLにおける評価のあり方を明らかにする過程でさまざまな可能性や視点が見えてきたので，以下に紹介します。

(1) 学びのコーチの視点から

私たちは学びのコーチとして，学習者がPBLに取り組む中で実際に何を学んでいるのかを明らかにする必要があります。

- 学習者は何を把握しようとしているのだろうか？　学びを支援するために指導を組み込む必要があるのだろうか？
- 中心となる問題を特定できるようになるために学習者がさらに知るべきことは何だろうか？　彼らには新たな情報源が必要だろうか？　その方向に思考を向かわせるためには，どのような問いかけをすればよいのだろうか？
- 学習者の中に先走っている者や，落ちこぼれている者はいないだろうか？　支援や課題の追加など，彼らのニーズに対してどのような対応ができるだろうか？

教師は，学習者の実態について，次のような情報も必要です。

- 学習者に欠如している知識やスキルが何かは把握しているが，現時点では指導は適切でない。また，あなたが来月教えようと計画している，今の内容とは関係のない複雑な課題や概念を彼らはすでにしっかりと把握しているかもしれない。

(2) 評定者・評価者の視点から

私たちは評定者として，教育者の説明責任である評価や成績を学習者に伝える役割を担うために，以下のような情報も必要です。

- 私たちはプロとして，相反する役割を担うにはどうすればよいのだろうか？　つまり，私たちはコーチ役を務める教師という学習者に近しい人間としての役割を果たしながらも，同時に，客観的に非人間的に学習者を評価し，優や不可，AやF，100％や50％，満足や不満足などの成績をつけ，それをデータとして伝えるという役割も果たすには，どうすればよいのだろうか。
- 私たちはどのようにして，個々の学習者の到達度についての情報を保護者に伝えたらよいのだろうか。

・学校はシステムとして，どのように，学習者の到達度についての情報を地域社会に伝えたらよいのだろうか。

私たちが授業を評価する際には，教育システム全体と一人ひとりのパフォーマンスを継続的に改善してくれるような活動，単元，授業に関する情報が必要となります。

・この授業を実施すれば，学習者は自立して学べるようになるだろうか？
・学習者は，自分なりの学びのスタイルを自覚しているだろうか？　また，彼らは，身につけた学習スタイルに関する知識を，今後の学びや調査・研究，プロジェクトを成し遂げる際に効果的な手段として活用してくれるだろうか？
・この授業は，学びに対する学習者の関心や熱意を持続させてくれると同時に，総合的な知識とスキルの習得を現実のものとしてくれるだろうか？

私たちはこれまでの経験をもとに，評価を計画する際に考慮すべき五つの本質的な問いかけを見いだしました。

・なぜ，私たちは学びを評価しなければならないのだろうか？
・評価を行うために，知るべきことは何だろうか？
・成果物であれパフォーマンスであれ，評価はどのような形を取ればよいのだろうか？（小テスト，報告書，メモ，図表，ポスター，ビデオ，トール・テール［問題解決物語の作成］，サービス・プロジェクト［ボランティア活動，奉仕活動］，小グループでの協働作業計画など）
・評価はどのように実施されるのがよいのだろうか？（監督つきのテスト，授業，家庭学習，評価を目的とした個人面接，審査員のいる発表会，ポートフォリオ審査会など）
・最後の包括的な問いかけには次の二つの懸念が含まれている。誰がその情報を受け取り，そして受け取った人が情報をどう利用するのだろうか？その答えから，どのような利害があり，どのような利害関係者が関与しているかがわかる。

(3) 文脈の視点から

PBLにおける学習者の学びの評価は，常に問題をはらむ状況の中で行われます。ここで述べる評価は，教師が学習者の思考や態度を観察し，学びの体験を改善するために設計されるもので，J. G. ブルックスとブルックスはこのことを，「評価と指導が，学習者のためになるように融合する」★26と表現しています。また，この評価は学習者の「モデル」づくり★134ととらえることもできます。これは，学習者の学び方を改善するために，学習者の頭の中にある概念の構造をモデル化して理解するというものです。結局のところ評価は，PBL体験の中に見出されている意義ある学習成果を学習者がどの程度獲得できているか，その度合いを測るという重要な役割を果たします。

評価には，明確な二つの目的があります。学びのための評価と，学びの内容の評価です。

◆学びのための評価

学びの真っただ中にいる教師や学習者にとって意味のある情報を提供することにより，何らかの形で学びの流れを改善するのに役立つ評価を，「学びのための評価」といいます。この評価は，フィードバック，修正，焦点の見直し，コーチングなどの形で行われる，成績に直結しない評価です。間違うことも学びの一過程であることを忘れてはなりません。間違ったために罰を与えられたり，的確に回答したことでほめられたりすると，学習者は黙り込んだり過度に注意深くなったりして，知的にそして感情的に，すべてのレベルで参加度が低下してしまうことがよくあります。

このようなことは学校ではよく見られることで，学びのための評価を行う際には，評価されていると感じる学習者のリスク負担が最大となります。しかし，教師がコーチとなることで，リスクを負担する学習者にしっかりとしたセーフティー・ネットを提供することができます。具体的には，書き言葉・言葉がけ・表情などにおける学習者への公平な対応，コーチングやメンタリング，継続的な学習状況を知らせてくれるデータの収集をとおして，教師は学びのための評価を行うことができるのです。

◆学びの内容の評価

学びの内容の評価とは，以下のような方法を用いた，何らかの形で評価の文書化や決定に役立つ評価のことです。

- （学習目標，スタンダード，評価基準，事前に決められたパフォーマンスの到達度，習熟度などについての）「期待」に関する情報を提供すること。
- グループ内での，あるいは他の個人やグループと対比した，学習者の比較や位置づけ（すなわち，クラス内で，あるいは地域や州内，国内の他のグループと比較してのパフォーマンスの到達度）に関する情報を提供すること。

▼ 表7.3　PBL進行中の評価，PBL全体をとおしての評価

PBLにおける評価	学びのための評価	学びの内容の評価
PBL進行中の評価	この評価は形成的評価である。 教師はこの評価によって，PBL体験の中で学習者が適切に学んでいるか，教師のコーチングや指導（あらかじめ，あるいは状況に応じて組み込んだもの）がその目的を達成しているか，コーチングや指導に修正が必要か，などについての情報を手に入れることができる。 学習者は，この評価から得られる情報を頼りに，どのように学べばよいのか，あるいはどのようにして学びを総括するよりよい最終発表（パフォーマンス評価）に向かえばよいのかを知る。	この評価は総括的評価である。 教師はこの評価によって，学習者がその時点で身につけている知識やスキルの到達度についての情報を手に入れることができる。 この評価は，学習者に身につけてほしい具体的な知識やスキルに的を絞っており，学習者はこの評価に基づいて成績がつけられることを知っている。
PBL全体をとおした評価	この評価は形成的評価である。 教師はこの評価によって，学習者のPBL体験の進捗状況を観察し，コースや授業全体のあり方を検討するのに必要な情報を手に入れることができる。 教師はこの情報に基づいて，学習者がよりよい学びの成果を手にすることができるよう，状況に応じたグループ分けやコース計画の修正などを行い，PBL体験全体を管理する。 学習者は，この情報を意識することはない。	この評価は総括的評価である。 教師と学習者はこの評価によって，学習者がPBL体験を通して身につけた知識とスキルの統合や応用などの能力に加え，PBLの実践やその評価法などを通して新たに明らかになった能力（コンピテンシー）の習得状況についての情報を手に入れることができる。 この情報はおもに，調査報告書やプロジェクト，問題探究，発表会などによる本物のパフォーマンス評価の結果として得られるものである。この評価が分析的で記述的なルーブリックによって統合的になされ，それに基づいて成績がつけられることを学習者は知っている。

思い違いが，学習者間，クラス間，学校間でのパフォーマンスに違いを生じさせます。

学習者に期待している成果について教師が高い関心や懸念を示すことで，学習者はなすべきことがわかり，彼らのリスク負担は最小となり，高いレベルの注意力に置き換えられます。学習者は教師の懸念に気づき，それに対処するのです。教師と学習者はともに，両者の間にある利害関係を認識します。そして，学習の結果が確定し，その結果をもとに，学びの体験の終了を示す，最終的な学習成果（成績）が決まります。成績の決定は，プロジェクトや単元，学期，コース，学年の終了時点で行うこともありますし，小学校，中学校，高校の卒業時期，学士，修士，博士などの学位満了時期に行うこともあります。

表7.3の表は，PBL進行中の，あるいはPBL全体をとおした，学びのための評価，および学びの内容の評価について，「何を」「なぜ」「いつ」すべきかをマトリックスで示しています。

3. PBLによる学びの体験：腺ペストの問題を例として

ここからは，PBLの達人である社会科のホリスター先生が開発した，アメリカでの腺ペストの流行と封じ込めについて生徒たちに考えさせたPBLを実例として取り上げて，PBL進行中の評価とPBL全体を通した評価の可能性を説明することにしましょう。ホリスター先生は次のようにこの問題を紹介しました。

この疾病は1970年代以降アメリカでは毎年発生していますが，この疾病が少数の州でしか発生しないという点については，説得力のある明確な理由はまだ明らかにされていないようです。疾病が発生するのは比較的少数の州であり，カリフォルニア，コロラド，アリゾナ，ニューメキシコの4州で症例のほとんどが発見されています。この問題には正解がないので，PBLに適しています。だから，私たちはこの疾病を中心に据えて問題を構成するのです。

ホリスター先生

生徒たちはCDC（疾病管理センター）の疫学者となって，1988年と1993年にアメリカで発生したペストについてのデータを調査します。PBLの各段階での活動の様子を見ながら，それぞれの段階でどのような観点で評価ができるかを見ていきましょう。

(1) 問題に出合う

生徒たちはCDCの疫学者として，1988年と1993年に報告された症例を調査するよう求められています。彼らは小グループに分かれて，あるいは大きなグループで，限られた情報から何がわかるのかを議論します。

学びのための評価：コーチとしての教師は，ブルームの「認知領域」の６分野のうち低いレベルの３分野（知識，理解，応用）の分類に従って，体系的に生徒に問いかけます。たとえば，「症例が最もたくさん見つかるのはどこですか？」「それはいつ発生していますか？」などの質問を投げかけます。

この段階の評価は診断的で，私たちはすべての評価が教えと学びの改善に役立つ現状把握になると確信しています。この段階では成績に関連する評価はありません。

(2) 知っていること・知るべきこと

生徒たちは疫学者として，状況をよりよく理解するために，知っていること，考えたこと，知るべきことを表に書き出します。生徒たちは個人であるいはグループで，新しい情報をチームにもたらす調査活動の一翼を担います。

学びのための評価：ブルームの「認知領域」のうち高いレベルの３分野（分析，統合，評価）に関する体系的な問いかけを，メタ認知的な問いかけと認知観（認知に関する認知）的な問いかけをところどころに組み込みながら行います。（表7.4，図7.1参照）

・ペストとはどんな疾病なのだろうか。バクテリアによって引き起こされるのだろうか？　ウイルスによって引き起こされるのだろうか？　それとも何か別の原因によるものなのだろうか？
・この疾病を媒介する動物は何だろうか？　人から人へ伝染するのだろうか？　人から人へ伝染するのであればどのように伝染するのだろうか？

▼ 表7.4　PBLにおける問いかけのレベル

認知レベルの問いかけ

- ? 確かですか？
- ? ○○はどの程度信頼できますか？
- ? ○○はすでに考えてみましたか？
- ? もっと話してください？
- ? もし○○だとしたらどうですか？
- ? どういう意味ですか？
- ? ここで何が起こっているのですか？
- ? これはどこに当てはまるのですか？
- ? 誰を考慮にいれる必要がありますか？
- ? ○○を提案するのに十分な事実をつかんでいますか？
- ? ○○はどの程度妥当ですか？
- ? 誰にとっても○○の意味は明らかですか？
- ? もしアンとリズの言うことが正しいとしたら，あなたはそれでも○○を信じますか？
- ? これは○○にはどのように応用できますか？
- ? このことについて，あなたの直感（仮説，最もあり得そうな推測）を聞かせてください？
- ? なぜこれが重要なのですか？

メタ認知レベルの問いかけ

- ? 確かですか？
- ? まだやらなければならないことは何ですか？
- ? どのような解決策が出そうですか？
- ? どこに飛躍やあいまいな点がありますか？
- ? どこから始めることができますか？
- ? どのようなやり方で取り組みますか？
- ? このことと○○は，どうすればぴったり合いますか？
- ? これをするのは誰ですか？　いつまでにですか？
- ? これまでにやったことは何ですか？
- ? これについてもっと学ぶにはどうしたらいいですか？
- ? ○○はすでに考えてみましたか？（手順や手法について）
- ? あなたの目標ややり方について，あるとすればどこを変更する必要がありますか？
- ? どんな結論を導き出しましたか？
- ? 目標には到達しましたか？
- ? どのようにすることで，これに取り組むことができましたか？
- ? なぜこれ（このプロセス）が重要なのですか？
- ? あなたは何を成し遂げたいと思っていますか？
- ? どんな障害がありますか？
- ? 今までのところ，何が一番役立ちましたか？

認知観（認知に関する認知）レベルの問いかけ

- ? どうやって知ったのですか？
- ? もっと知る必要がありますか？　それはなぜですか？
- ? 何があなたをそう言わせるのですか？
- ? 問題を解決するのに十分知ったと思うときを，どのように決めますか？
- ? 最適な解決策をどのようにして決めますか？
- ? 私たちは何を知ることができるのでしょうか？　どの程度の確からしさで知ることができるのでしょうか？
- ? ここで最も重要なことは何でしょうか？
- ? もし○○だとすると，◇◇ですか？
- ? それは，私たちの問題記述とどのような関係がありますか？
- ? あなたの役割（視点）は，あなたの知り方や関心にどのような影響を与えますか？

資料：© 1995 Revised 2000. Illinois Mathematics and Science Academy—The Center @ IMSA.

▼ 図7.1　PBLにおける問いかけの方法

PBLにおける問いかけは，学習者の理解を深め，評価するための最適なツールの一つである。問いかけは，学習者を考えるように，考えを振り返るように，そして情報や結論について考えるように促す。
以下に，いくつかの問いかけの例を示す。

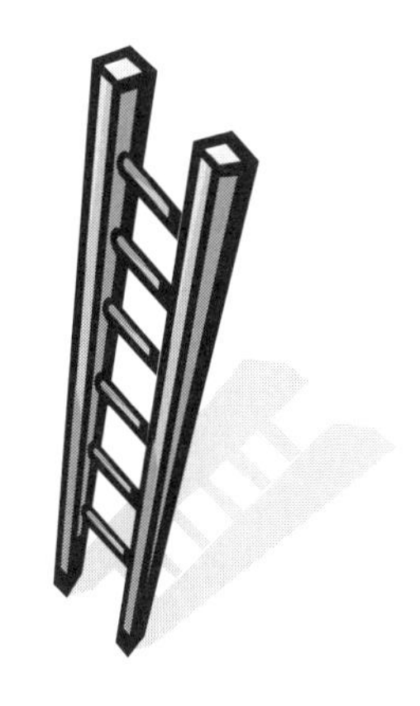

? **思考を探る**：「それについてもっと話してください」などのような，考えや概念に生徒たちをより深く入り込ませる問いかけ

? **正当性を問う**：「それが正しいとどうしてわかったのですか？」などのような，主張を裏付けたり，理由づけの正当性を立証したりさせる問いかけ

? **向きを変える**：「前に話したときは○○と言っていたけれど，今はどう考えていますか？」などのような，問題の原点に立ち戻らせる問いかけ

? **目標設定を促す**：「求める情報がどこにあると考えていますか？」というような，調査活動や解決策の目標設定を促す問いかけ

? **観察する**：「報告を完成させるのに必要な情報をすべてグループ内に集めることができましたか？」というような，自分たちの探究や問題解決のプロセスを学習者が自分で観察するよう働きかける問いかけ

資料：© 2000 Illinois Mathematics and Science Academy—The Center @ IMSA.

この段階でも，すべての評価が教えと学びの改善に役立ち，それがそのまま現状把握となります。また，成績に関連する評価もありません。

(3) 情報の収集と共有

生徒たちは，さまざまな情報源から問題をはらんだ状況に関する情報を収集し，関連する事実を丹念にかき集めて，図解，ジグソー法，要約，話し合いなどをとおしてグループで共有します。

学びのための評価：情報を探らせ，情報の正当性を検討させる問いかけを継続します。根拠のない思い込みが増えますから，教師は，生徒たちがペストに関する科学的知見に焦点をしぼっていることを確認し，そうでない場合はその方向に学びを向けさせなければなりません。

・ペストの診断はどのようになされるのだろうか？　治療はどのようになされるのだろうか？　ワクチンは存在するのだろうか？　罹患率や死亡率はどの程度だろうか？
・現在発生しているペストを引き起こしている微生物は，昔の黒死病のものと同じなのだろうか？　どうしたらこのことがわかるのだろうか？
・データから論理的な推測をするには，どうすればよいのだろうか？　どのような推測ができるのだろうか？

学びの内容の評価：生徒たちが疾病についての基礎知識を固める段階では，彼らがさまざまな概念を正しく理解することが期待されます。

・留守電メッセージや他の情報伝達媒体の形で，疫学者の上に立つ監督者からの問いかけに対する暫定的な回答が発表される。
・小グループが収集した情報や事実が，発表やメモ，図表，マトリックスの形で，クラス全体で共有される。扱う問題が大きい場合は，目的を絞った調査グループをつくって調査にあたるが，クラスの全員が個々のグループの収集した重要な情報を知り理解しなければならない。
・既知の情報が概念図を用いて図解され，情報間の関係性が明らかになるか，あるいは関係性の構築が始まる。

(4) 問題記述の明確化

問題をはらむ状況，生徒たちがあらかじめもっていた知識，彼らが収集し共有した情報をもとに，生徒たちは，探究をしぼり込むための暫定的な問題記述を作成します。

学びのための評価：個人で，小グループで，あるいはクラス全体で問題記述を作成することで，生徒たちが問題をどのように理解しているかを把握することができ，生徒たちの理解の進捗を評価するための基準を得ることもできます。

学びの内容の評価：生徒たちが包括的な問題に対する全体的な理解を構築するのに合わせて，教師は，状況を把握してほしいという期待を生徒たちに伝え，受け入れ可能な解決策に必要な課題や条件を含んだ問題記述を個々の生徒に書き出させます。

(5) 探究活動の中での調査段階の繰り返し

この段階には,「知っていること」「知るべきこと」「気づいたこと」の書き出し，情報収集・共有，問題記述の書き直しなどの活動があります。

学びのための評価：次のような人口統計的な問いかけが，科学的な問いかけと同じくらい重要であることに，この時点で生徒たちは気づいているでしょうか？

- なぜ，この疾病の発生が田舎に限られているのだろうか？
- なぜ，この疾病は大都市では流行しないのだろうか？
- この疾病に感染しやすい傾向を示す，性別，年齢，民族，収入レベル，生活様式などで特定されるような集団はあるのだろうか？

数学的な問いかけも浮上してきます。

- 病気の流行を数学的に定義できるのだろうか？
- アメリカでは1988年に11例，1993年に14例しか症例がなかったのだとしたら，これがどうして流行といえるのだろうか？

ペスト汚染地域での他の疾病や，これらの疾病と気候条件との相関に関する問いかけが最後に出てきます。

学びの内容の評価：生徒たちが学び，その成果を応用する場面では，以下のような成果物やパフォーマンスが期待されます。

・調査の管理者に提出する，因果関係を説明するための簡潔な報告書
・集団の属性によって感染しやすさが違うことを表すグラフ
・伝染の広がり方を示す数学的なモデル
・報道機関のレポーターからの質問に答えるための，流行やペストの定義と分類に関する説明用文書
・専門家の視点でつくられた問題状況の図解と比較される，個人あるいはグループの問題状況に対する理解の概念図（マインド・マップ）

(6) 実施可能な解決策を複数つくり，最も適切な解決策を選び出すこと

生徒たちは疫学者として，自分たちで見いだした情報をどのように活用し，探究活動によって見いだされた疑問にどのように対処するのでしょうか？

学びのための評価：生徒たちが実施可能な解決策をつくり出す段階で，彼らの思考を探り，思考の正当性を問いただします。

・提案には，さまざまな利害関係者の立場が考慮されているのだろうか？
・このことは，市民の知る権利の範囲外のことなのではないのだろうか？
・個々の実施可能な計画について，そのあとの成り行きは検討してあるのだろうか？
・生徒たちはどのような反応を予想しているのだろうか？　また，その反応はコミュニティー内の関係性にどのように影響するのだろうか？

学びの内容の評価：生徒たちが情報を統合して選択肢を評価する段階では，単なる主張に終わるのではなく，実現に向けた支援の要請が期待されます。

・個々の実施可能な解決策のメリットを示し，評価する報告書を，CDC所長に宛てて書く。
・それぞれの解決策がもたらすと考えられる結果を示し，評価する影響評価報告書を，（市長や州知事など）適切な行政レベルの人に宛てて書く。

(7) 解決策を発表すること

生徒が解決策を発表する準備を終えた段階でも，学びのための評価は続きま

す。

学びのための評価：実施可能な解決策はしっかりとした検討に耐えうるべきものであり，生徒たちは，たとえばウィギンズとマクタイの「理解の6つの側面」を使うなどさまざまな方法で，自分たちの理解を表現しなければなりません。

・さまざまな視点から状況を十分に説明する。たとえばアメリカ先住民の中でのペストについて，生徒たちはどのような結論を引き出すのだろうか？
・あなた自身をペスト患者の兄弟姉妹だと想像してみよう。あなたにとって，その状況をすべて白日の下にさらすことの長所，短所は何だろうか？なぜ，そう考えるのだろうか？

学びの内容の評価：生徒たちが解決策を発表する場面では，全体の構成，明確さ，根拠の提示，多様な視点からの状況理解に対する期待が高くなります。彼らが自分たちの知識を発表する際に用いる評価可能な方法には以下のようなものがあります。

・状況や想定される原因，期待されている解決策，起こりうる影響が聞き手に伝わる，きちんと構成された理路整然とした発表。
・利害関係者や該当分野の専門家からの質問に対する回答。回答は，はじめに問いかけられた「なぜ」に単に答えるだけではなく，それを超えた深い知識をふまえていることがわかるようなものであり，明確な根拠や相手に対する共感を示すものでなければならない。
・利害関係者がメンターとして，あるいは生徒たちが発表する相手としての検討委員会メンバーとして，生徒たちと行ったやりとりをもとにした，利害関係者が行う評価。
・生徒同士で一緒に作ったルーブリック（評価基準表）に基づいた，生徒間の相互評価。
・生徒の報道機関向けの発表が誤報道されたことを報道機関に指摘する，「編集者への手紙」コーナーへの投稿。

(8) PBL体験の振り返り

問題解決の体験について報告を終えたあとにも，学びを向上させる機会や学びの内容を評価する機会はあります。

学びのための評価：生徒たちの学びの経過や知識・スキルの習得についての振り返りは，PBLにとって重要であり必要不可欠です。教師は，たとえば生徒たちに次のように尋ねます。

- 今知っていることをもとにして改めて同じ問題に取り組むとすれば，問題をどのような形でとらえるだろうか？
- この状況で，誰が公表決定の最終責任を負うべきだろうか？
- この段階で，どのような利益や害が想定されるだろうか？
- さらに議論すべき根本的な「大きな」課題は何だろうか？
- 理科，社会，数学，心理学，国語，文化に関すること，行政に関することなどについて，どのようなことを知識として学んだのだろうか？
- 以前できなかったことで，今はできるようになったことは何だろうか？（スキル，自己効力感，自立的活動，自己認識，役所との交渉，大人に自分の話を聞かせることなど）。

学びの内容の評価：生徒たちが自分の学びをふりかえる場面では，具体的な知識やスキルの習得に関する期待に加えて，学びのスタイルや手法の自己認識に関する期待が鮮明になります。

- PBLの授業の中で学んだ具体的な教科の学習内容やスキルが何であるかを意識できるようになる。
- 詳細な振り返りや間違った理解の訂正，あるいは見過ごされたり無視されたりしてしまった大切な事柄についての指導などをとおして生徒たちがどの程度理解したか，を把握するためのデータを手に入れる方法として，従来型の記述式小テストや試験による評価を用いることができる。
- 生徒同士でルーブリックを一緒に作成することで，学びに対する生徒の自己評価が向上する。

・知識・スキルに対する自己評価，生徒間の相互評価，教師による評価の結果がよくなり，学校や教育委員会が重要視する学習目標をよりよく達成できるようになる。

先に述べたとおり，PBL体験には，学びのための評価，そして学びの内容の評価について多くの可能性があるのです。

4. 評価者に対する評価：サクセス・ラボの問題を例として

第１章で私たちは，PBLを多くの授業に取り入れてもらうために教育関係者と共同で行った取り組みについて述べました。PBLの普及を促すもう一つの方法は，教師や教育委員会などとの取り組みそのものにPBLを用いることです。「一つを見て，どうしたらそれがよいものだとわかるのでしょうか？」という問いかけを思い出しましょう。個々の実験室・実習室や教室，あるいは学校全体の教育環境の改善を担当するコーチでありメンターである指導主事とともに教育の質保証に取り組むときに，この問いかけは理想的な方法となります。

2000年夏，サクセス・ラボ学習センターでは，32の支部センターの教育の質を保証するプログラムを実施することになりました。サクセス・ラボは協力校の施設や公共施設を用いて，就学が危ぶまれる都市部の幼稚園児から高校３年生までのさまざまな年齢の学習者に対して，学習実態を把握しながら学習を補うための読み書きや算数・数学のプログラムを実施しています。このプログラムは最近急成長を遂げているのですが，実施する中でプログラム担当者は，プログラムの質を評価し点検して，対象となる学習者や協力してくれる施設のニーズに合っているかどうかを確認しなければならない，ということに気づいたのです。

私たちは，センター長や地区マネージャーとともにこの課題に取り組む中で，「一つを見て，どうしたらそれがよいものだとわかるのでしょうか？」という問いかけをしました。評価そのものが，実質的に構造化されていない問題となりました（構造化されていない問題の定義については，第２章参照)。この問いかけによって，センターのさまざまな業務はもちろんのこと，センターの役割と機能，学習者へのサービス，結果に対する責任，そして最終的にはセンターの存在理由である「すべての子どもは学ぶことができる」という理念につい

▼表7.5　サクセス・ラボ学習センターの説明型ルーブリック

サクセス・ラボ学習センター
気風に関する質保証調査用紙

	不可	期待以下	要改善	サクセスラボの基準	期待以上
教えと学びの気風が醸し出す雰囲気	・ラボに入ったときから，貧弱な照明や否定的な態度，陰気で古臭い装飾などのせいで，気が滅入る。	・高慢な雰囲気があり，学びを促すために必要な生徒との真のつながりをつくり出すことを阻害している。	・授業から会話の趣旨，室内装飾，指導者と子どもたちとの交流に至るまで，すべてが学びのために整えられているような，学校がもつべき雰囲気にあふれている。 ・スタッフや子どもたちの自尊心や成就感が十分には表現されていない。	・授業から会話の趣旨，装飾，指導者と子どもたちとの交流に至るまで，すべてが学びのために整えられているような，学校がもつべき雰囲気にあふれている。 ・加えて，スタッフや子どもたちが自尊心や成就感をもち，子どもたちの活動や発言の中にその自尊心や成就感が表現されている。	・授業から会話の趣旨，装飾，指導者と子どもたちとの交流に至るまで，すべてが学びのために整えられているような，学校がもつべき雰囲気にあふれている。 ・加えて，スタッフや子どもたちが自尊心や成就感をもち，子どもたちの活動や発言の中にその自尊心や成就感が十分に表現されている。
教えと学びの気風の焦点	・ラボの運営が雑然としており，少しは整然としていても，きちんとはしていない。教師と生徒双方の任務遂行の取り組みのレベルが低く，貴重な時間が浪費されている。	・ラボが機械的に運営されている。管理が厳格で堅苦しい。子どもの要求に合わせた活動ができるような柔軟性が許されていない。	・ラボが自然に（流れるように）運営されている。指示や指導はあるが，すべての部署がそれぞれの役割の中でエンパワーされている。 ・子どもたちの学びに向かう姿勢が十分には示されていない。	・ラボが自然に（流れるように）運営されている。指示や指導はあるが，すべての部署がそれぞれの役割の中でエンパワーされている。 ・子どもたちが，任務遂行や学びに向かう姿勢を示している。	・ラボが自然に（流れるように）運営されている。指示や指導はあるが，すべての部署がそれぞれの役割の中でエンパワーされている。 ・子どもたちが，任務遂行や学びに向かう姿勢を示している。 ・教育効果の高い「教える好機」を活用できる機会がたくさんある。
教えと学びの気風が示す信念	・生徒は学ぶことができない，ということがほとんど疑われていない。	・否定的あるいは皮肉を含んだ発言が聞かれるなど，子どもは皆学ぶことができる，ということを理解していない教師がいる。	・生徒は学ぶことができるという一般的な信念が存在しており，前向きに焦点を絞った誠実な交流がそれを示している。	・日ごろの生徒と接する経験をもとに，生徒は学ぶことができる，というしっかりとした信念が存在する。 ・授業の満足度を高める最高の実践や適切な探究についての理解を表すような，学びの場での生徒との交流がある。	・ラボの環境やスタッフの接し方が，子どもたちへの，あるいは教師と生徒相互の敬意の高さと，生徒は学ぶことができるという誠実な信念の存在を示している。 ・授業の満足度を高める最高の実践や適切な探究についての理解を表すような，学びの場での生徒との交流がある。

資料：© 2000 Success Lab Learning Centers, Chicago, IL.

▼図7.2　サクセス・ラボ学習センターについての分析型ルーブリック

サクセス・ラボ学習センター
気風に関する質保証調査用紙

気風に関する質保証	雰囲気	焦点	信念	合計	総合%
○○○センター	/5	/5	/5	/15	

サクセス・ラボ学習センター：＿＿＿＿＿＿　センター長：＿＿＿＿＿＿

訪問日時：＿＿＿＿＿＿　地区マネージャー：＿＿＿＿＿＿

センター長・地区マネージャーのコメント：＿＿＿＿＿＿

ここに記載された評価とコメントは質保証専門家と議論した結果です。以下の署名は，この評価やコメントに同意していることを示すものではなく，評価やコメントあるいは添付書類に示された必要な追加措置について確認したことを示すものです。

本部長：＿＿＿＿＿＿　日付：＿＿＿＿　追加措置の日付：＿＿＿＿

本部マネージャー：＿＿＿＿＿＿　日付：＿＿＿＿　追加措置の日付：＿＿＿＿

質保証専門家：＿＿＿＿＿＿　日付：＿＿＿＿　追加措置の日付：＿＿＿＿

資料：© 2000 Success Lab Learning Centers, Chicago, IL.

て，検証が行われたのです。このPBLによる学びにおいて，私たちはすべてのセンターの教育の質に関する基準やそれを評価するための基準，質を示す指標，そして根本となる学習目標をわかりやすく表現するという，やりがいのある方法でセンター長や地区マネージャーをコーチしました。

その中で，センター職員がそれぞれの役割を果たすうえで必要な知識と能力を検証し，各センターの役割をはっきりと見極めるための多様な視点を提供してくれる，一連の六つのルーブリックが作成されました。表７.５に，この説明型ルーブリックの一例を示します。

この説明型ルーブリックは学びの環境のもつ気風に関するもので，センターの運営のあり方に焦点をしぼった情報を与えてくれます。具体的には，マネージャーがこのルーブリックを使って，毎月，学びのための形成的評価を手に入れることになります。結果として，たとえば，パフォーマンスが期待以下のようなセンターでは，スタッフの高慢な態度が学びを妨げている，逆に期待以上のパフォーマンスをしているセンターでは，スタッフと子どもたちが，することすべてに十分な自尊心や達成感をもっている，ということがわかります。また，このルーブリックを分析型ルーブリックにつくり変えることで（図７.２参照），定期的に年１回，不定期に年１回，計年２回行われている各センターの訪問・視察の際に，センターの質を評価する専門家用のツールとして用いることもできます。

5. 新しい学びを創造するための評価：思考の記録の例

PBL体験のもつもう一つの重要な側面は，問題をはらんだ状況を長時間にわたって深く掘り下げ，状況について考えながらさまざまな知識やスキルを身につけ，意識的で確実なやり方で身につけた知識やスキルを，新たな学びに変換する機会を与えてくれる，という点です。ペストのPBL体験をつくり上げたホリスター先生は，「思考の記録」を使って生徒たちの思考をとらえて視覚化し，それをもとに生徒たちをコーチしました。クラスできわめて積極的な議論がなされた場面では，生徒たちの思考を促すために，彼らの思考を探り，彼らに問いかけ，意欲をかき立てました。生徒たちは思考の記録を使って自分たちの思考や議論，疑問を共有し，ホリスター先生の熟練した手ほどきのもとで成長し，学び，考える人となっていったのです。ホリスター先生は表７.６のルーブリ

▼ 表7.6　思考の記録を成績化するルーブリック

評価Aの記述

- 内容がしっかりしており，頻繁に記入されている。
- 指示による記述と自由記述がある。指示による記述は，特に教師から与えられる課題についての記述である。自由記述は，学習者が必要性を感じて自発的に記述するものであるが，重要な役割を果たすことが多い。これらの自由記述は，現在取り組んでいる課題に直接関係のある記述でなくてもよい。
- あらゆるアイディアやそれらの関連性を考え尽くしていることを示す，十分努力して考えをまとめたと認められる記述がある。
- 整理されていて，洗練されており，申し分ない記述である。この出来映えは，考える習慣が生み出す技量に対する自負心を示している。洗練されていない，時にはあいまいな記入もあるが，自分で気がついて，時々それを訂正している。
- スペルや書き方に，意識的に注意している。

評価Bの記述

- 指示による記述と自由記述はあるが，教師の指示による記述が多い。評価Aとの違いは，評価Aの記述には強い主体性が見られ，一歩先に進もうとする意欲が感じられる点である。
- 考えをまとめるための努力が足りない。記述は，そこそこの成績をとるための最低限の期待にしか応えようとしていないように見える。評価Bの記述には，教師から「もっと考えよう」「分析が足りない」「書き方についてもっと勉強しなさい」などと書かれることが多い。頻繁な記述や深い記述が，アイディアや洞察を生み出すのである。
- 記述内容をよりよくするために書き直そうとする努力が見られない。

評価Cの記述

- 自由記述がほとんどなく，指示による記述も少ない。
- 考えが表面的で，記述が不十分であり，教師が判断するのに役立たない。「書いてある内容から，私が何がわかっていて何がわかっていないかを推測せよ」と言っているような記述。
- 何を書いていいのかわからない，という憤りや主張が見られる。
- 考えをまとめるための努力が（ほとんど）見られない。
- 学んでいることを自分でまとめようとしない。ほとんど考えていない。
- 自分自身の考え方，書き方に対して丁寧になろうとする意欲が見られず，記述がぞんざいである。

評価Dの記述

- 提出期限が守られない。
- ほんの少しの殴り書きや，ほんの少しのコメントしか見られない。
- 学習者の思考についての記述に不備があるか，あるいは記述がない。学習者が自分自身の思考について無関心のように見える。

資料：© 1998 by B.C. Hollister, Illinois Mathematics and Science Academy.

ックを使って，たとえばほんの少しの記入やコメントしかない記録はD，内容が深く頻繁に記述されている記録はAなどのように，思考の記録をA，B，C，Dで成績づけすることで，しっかりとした考え方を維持する責任を生徒たちにもたせました。

6. 最後に思うこと

PBLではどの場面にも評価の可能性はありますが，PBLの最大の目標は，学習者に考えさせること，すなわち，学習者が問題をはらむ状況について自分で時間をかけて考え，解決に取り組むことです。そうすることで，彼らははじめにもっていた知識を確認し，学校内でのみならず学校外でも新たな知識やスキルを獲得し，それらを活用して取り組みがいのある状況の中で学ぶのです。PBLに関する研究によれば，思考し続けることができ，さまざまな視点を取り入れた学び方のできる学習者は，学びの体験から得た成果を長く保ち続けられることがわかっています。つまり，学習者が将来どのような職業に就こうとも，待ち受ける困難によりよく対応できるようになるのです。

第8章

PBLの普及に向けて

この章では，あなたの学校や大学や地域でPBLを普及させるという課題について考えましょう。教師，生徒など学習者，校長，教科主任，地域の学校カリキュラムの編成を担うカリキュラムコーディネーター，教育長，あるいは企業・地域の関係者など，多くの人たちがPBLを採用するかどうかに関与しています。この章で私たちは，これら教育関係者がPBLに対してしばしば抱く関心や疑問に答えます。

1. なぜPBLなのか

ジョン・アボットは，19世紀に多くの学校で教えられていた基礎スキルをはるかに超えたスキルを「新しいコンピテンシー」★1と名付けて，説得力のある議論を展開しました。「古いコンピテンシー」である計算や読み書き，意思疎通は，現代社会においても欠くことのできない能力ではありますが，それだけでは不十分です。常に変化する世界にうまく対応していくには，問題や状況を概念化する能力が不可欠なのです。アボットは，自分の中で育てて身につけるべき新しいコンピテンシーは，以下のようなものであると強く主張しました。

- 抽象：目的に合ったやり方で，取り組みの最中に必要となればいつでも，思考や形式を知的に操作できる能力。
- システム思考：物事の相関や，部分が全体に，全体が部分に与える影響を見抜く能力。
- 実証：仮説づくりや検証，データの評価に積極的に取り組む，探究的な気構え。

・協働：協力して知識を構築していく際に，心を広く保ち新たな状況に順応する気質。

これらのコンピテンシーは，「時代が求める社会人の資質」(the Secretary's Commission on Achieving Necessary Skills: SCANS)★129の中で，職場で求められるノウハウとして取り上げられている能力と軌を一にしています。SCANSは，基本スキル*，思考スキル，個人的資質の基礎の上に，以下のようなコンピテンシーを挙げています**。

・資源活用力：時間，資金，資材を適切に割り当てる能力。
・対人スキル：チームとして取り組み，指導的立場に立ち，交渉し，忍耐する能力。
・情報活用力：データを入手し，まとめ，評価し，解釈する能力。
・システム力：社会的，組織的，技術的なシステムを理解する能力。
・技術活用力：技術を適切に選択し，活用する能力。

PBLの教室は，集団活動をとおして情報や知識を構築する学びのコミュニティです。そこで学習者は，情報を集めて共有し，知識のプールに新たな情報を付け加えながら，妥当性をもとに情報を評価し，情報を適切な形に統合します。対話，ジグソー法，問いかけ，教え合い，メンタリングなどの活動をとおして，コミュニティの中に専門知識が育っていきます。そして，個々の学習者がこの知識を，取り組んでいる問題に対する全体的な理解の中に織り込んでいくことになるのです。

「理解のための教育」という言葉が，最近教育界でよく聞かれるようになってきましたが，残念ながら学習者の理解のありようは，定義しようにも把握しようにもとらえどころのないものなのです。ハーバード大学の「理解のための教育プロジェクト」のプロジェクト・マネージャーであるレベッカ・シモンズ★117は，理解について以下のように述べています。

***基本スキル**：先に挙げた「古いコンピテンシー」に対応する，読む，書く，計算する，聞く，話す能力。
**これらは，日本の経済産業省が2006年から提唱している社会人基礎力と基本的に同じ。

> 私たちは，学習者が柔軟で新しい方法で知識を活用できるようになってほしい。そして，柔軟な概念のネットワークを身につけ，学校で学んだことを身のまわりの世界の理解に役立て，生涯に渡る知的な探究に興味をもってもらいたい。しかし，学習者をこのような理解に導くことは至難の業である。

ノーザン・イリノイ大学のディアン・ミュージアルとリズ・ハマーマン[★87]は，PBLで学ぶ学習者によく見られる傾向を以下のように説明しています。

> PBLで学ぶ学習者は，問題をはらむ状況がもつ豊かさにしっかりと対応できるような知的な取り組み方を身につけるようだ。得られる理解は高度に統合されており，現実の世界の多様な状況や視点，分野などと結びついている。そして，このような学習者は，記述型の設問に対して，言葉の定義について答えるだけではなく，設問の中の重要な概念のもつ意味を深くとらえ，現実の世界との関連性を示すこともできる。これは，学習者が，現実の世界との関連性を本で読んだからなのではなく，直に体験したからなのである。
>
> （強調は原文による）

高等教育機関は，情報の爆発的な増大や高いパフォーマンスを求める企業からの要求に直面する中で，今後ますます複雑化する環境に対応できる学生を育て上げる必要性をはっきりと示しています。しかし，問題解決スキルや，分析，統合，評価といった高次の思考スキルは，従来の教え方によっては学ぶことができません。これらのスキルは直接的な実践体験から生じるもので，まさにPBLがこの体験を提供するのです。

2. 本当にうまく機能するか

PBLは，医学，歯学，看護，工学，ビジネスなどの分野の職業教育を行う学校や大学において，数十年にわたる豊かな歴史をもっています。PBLの有効性に関する研究によれば，

・学習に対する動機づけが高まる。
・自立的な学びの態度が長く維持される。

・長期にわたって知識が保持される。
・学習内容の定着がこれまでの授業の方法と同等である。
・理解のための学びとなる。
・専門的な論理的思考を身につける。

などの成果が明らかになっています★3, 49, 63, 131。確かにこの研究成果は興味深いものではあるのですが，残念ながらこれは幼稚園から大学に至る学校の教師や管理職，保護者が知りたいことではありません。知りたいのは，「それは私の担当する生徒たちには役立つのでしょうか？」という根本的な疑問であって，その答えは最終的には自分で見いださなければなりません。

PBLは，幼稚園から大学までのレベルでは数年*にわたる実績があり，実践例はPBLの有効性の確かな根拠となっています。PBLに携わる教師からは一貫して，

・学びのプロセスに対する取り組みが改善した。
・学びに対する責任感が増した。
・理解が深くなった。

という報告が得られています。また，図書館やメディアの専門家からは，

・今までのやり方で学ぶときよりも図書館の資料を多く使うようになった。
・効果的な探究方法が身についた。
・情報リテラシーに対する理解が深まった。

という報告が得られていますし，校長先生からは，

・生徒指導上の処分や長期欠席の生徒が減った。

という報告が，保護者からは，

・こちらから尋ねなくても，子どものほうから学校でのできごとについて話してくれるようになった。

という報告が得られています。

***数年間の歴史**：原書は2002年に出版された。

今日の教育の風潮においては，「決して害になるものは与えない」*ことが重要な関心事の一つになっています。中学校教師のクリノック先生とロブ先生★78は，「PBLによる授業では，通常の授業に比べて，生徒が同程度以上に深く広く知識を得ることができるのだろうか？」という，どのような教育改革の際にも問われる，今まで何度も繰り返されてきた疑問について調査しました。８年生の理科の遺伝の単元で，四つのクラスにおいて，二つは通常の方法で，他の二つはPBLによる方法で，遺伝の授業を行って学習到達度について厳密な研究手法を用いて比較したのです。授業の手法とカリキュラム編成は異なるが扱う内容は同等になるように設定し，共通の手法を用いて採点を行って，学習到達度を評価しました。手法としては，採点結果を地区の標準テストのクラス集計結果と比較する方法を用いました。この標準学力測定法を用いることで四つのクラスの結果を直接比較することができたのですが，結果的にはPBLの授業を受けたクラスのほうが遺伝の内容についての成績が少し高かったのです。

このPBLの授業の中で生徒たちは，複雑で構造化されていない問題の探究と，自分たちの結論とそれを裏付ける根拠の提出が任されました。具体的には，説得力のある方針説明書を作成し，行動遺伝学の専門家からなる検討委員会において自分たちの得た結論を発表することが求められたのです。生徒たちはPBL体験の振り返りの中で，今までの試験では把握できない，以下に挙げる事柄のやり方を学んだと報告しています。

・複雑な課題を調査する。
・グループ活動で，学びの仲間として他の生徒たちと協力する。
・印刷物以外のさまざまな形の情報も探し求め，専門家に直接接触する。
・入手した情報を専門家からなる検討委員会で発表する。
・立場を決め，資料を用いて結論の正当性を主張する。
・すぐに結論を出すのではなく，さまざまな解決策について広く考察する。

クリノック先生とロブ先生の研究は，州レベルの研究賞を受賞する優れたものであり，高く評価されてはいるものの，ここで考えるべき重要な課題はこの研究成果の先にあります。この二人は，自分たちのプログラムの内容を保護者，

***決して害になるものは与えない**：“First, do no harm”：ヒポクラテス（Hippocrates, c460-c377 B. C.　ギリシアの医学者）の箴言（しんげん）。

生徒，管理職に明確に説明できるだけでなく，「何が役立つのか」「知るとは何か」という深い疑問に答えることもできるのです。

理科教師のドッズ先生[★46]は，次のように記しています。

> PBLではプロセスのことばかり取り上げられているが，学習内容が無視されているわけではない。私の担当するコースで行った継続的なアクション・リサーチでは，PBLで生化学を学んだ生徒たちと，双方向での質疑応答形式で生化学を学んだ生徒たちとを比較した。結果は，PBLで生化学を学ぶアプローチは，双方向での質疑応答形式によるものよりも，生化学の内容についての深い理解や長期に渡る記憶をもたらすことを示した。

ドッズ先生は，生徒がPBLで身につける思考様式が，個々の学習内容を意味づけ結びつけて，理解のネットワークを構築させることを確信しています。そしてこの結びつきが，深いレベルでの理解を支える多重の経路をとおして，獲得した知識へのアクセスと知識の想起を可能にするのです。

3. PBLとスタンダードについて

教育関係者の中には，構成主義的教育法がスタンダードを無視している[★72]ととらえる人たちもいますが，私たちはその議論に共感をもてません。私たちは，すべての学習者がスタンダードを達成するための手がかりを，教師の教え方を制限することにではなく，すべての学習者に共通の目標を設定することに見いだしているのです。構成主義的な授業構造も今までの授業構造も，いずれも次の目的のために用いられてきたのです。

> 州や地域が示すカリキュラムは，学習者が**何を**学ぶかを示している。構成主義は一つの教育アプローチとして，彼らが**どのように**学ぶかを示している。構成主義を標榜する教師は，学習者の学びを仲介する際に，「**何を**」に構成主義的な「**どのように**」をブレンドしているのである。
>
> M. G. ブルックス＆ブルックス（強調は原文による）[★27]

スタンダードは，さまざまなレベルの学習者に対する評価基準を決めるのに役立ち，すべての学習者に高い期待を抱かせてくれます[★58]。しかし一方でスタンダードは，幼稚園から大学までのそれぞれの段階で学習者に期待する知識，スキル，態度の幅を不自然に狭めることにもなります。最も大きな問題の一つは，スタンダードの達成に向かっている学習者の成長の測定が，たった１回のテスト（州の標準テストであることが多い）の成績によってなされているということです★[58, 76]。間違いなく，ほとんどの標準テストでは，自立した学び，クリティカル・シンキング，知識の統合など，確認されているPBLの効果の多くは評価できません。講義や討論，ワークシートのようなやり方よりもPBLのようなやり方のほうが，学習スタンダードを達成するよりよい支えになることを示す証拠が得られる，と私たちは確信しています。このことは，医学教育においてはすでにほぼ明らかです。しかし私たちは，どのようなものであれたった１回の測定で，特に標準テストでは，学習者がPBLに基づく体験から得た教科的な内容以外の重要な成果を捕捉できるとは思ってもいません。

そのようなわけで，全国の教師がスタンダードに沿ったカリキュラムと授業の流れを公表すべきである，と私たちは考えています。私たちは，教師たちと一緒にPBL体験を設計するときは，学習者の特徴とカリキュラムから得られる望ましい学習成果の明確化からとりかかります。基本的に教師は，具体的なスタンダードの周辺にPBL体験を設計するのです。

クリノック先生とロブ先生の勤める中学校では，教師は生徒と教師に求められる理科のスタンダードに沿って，PBLによる理科の単元を編成しています★[111]。学校敷地に隣接する適切な保全がなされていないプレーリー草原に対して何をすべきか調査する問題で，生徒たちは，国の制定した理科の以下のスタンダード★[7]を達成しました。

> ８年生の終わりまでに，生徒は，どのような環境下であろうと生物の成長や生存が物理的な外部条件に依存することを理解する。

> ８年生の終わりまでには，生徒には，以下のことができることが求められる。
> ・曖昧な根拠に基づく主張を問いただすこと。
> ・事実と意見が混ざり合っている議論の中での推論に気づき，クリティカルにとらえること。

PBLに基づく教科横断的な英語と理科の授業におけるこの二人の取り組みは，米国学術研究会議の策定している教師のスタンダード★[90]と関連づけることもできます。

教師は，教科・学年の範囲の中で，あるいは教科・学年を横断して，他の教師と協力して取り組む。理科の教師は学びを導き促す。その中で教師は，学習者と関わりながら探究活動の焦点をしぼり，支援する。

同様に数学においてもPBLを用いることで，米国数学教育者会議（NCTM）[★89]が定めた，生徒と教師に求めるスタンダードを自然に達成することができます[★6, 50, 110]。NCTMのスタンダードには問題解決の項目があり，複雑な状況においてねばり強く分析的に取り組む態度を身につけるよう学習者を支援することを教師に求めています。教師はこの要請を，「身のまわりや経験の中に数学を見いだすよう学習者に問いかけることによって，あるいは，興味はそそるが難解な問題に取り組み続けるよう励ますことによって」[★89]成し遂げることができる，とあります。まるでPBLそのものです。以下に挙げるNCTM[★89]のスタンダードの中に，短いPBL体験に相当する例が見られます。

中学生に与えられた任務は，示された二つの救急搬送会社に関するデータをもとに，どちらの会社がより信頼できるかを判断することである。この問題では，それぞれの会社の救急車の平均待ち時間をもとにして簡単に思いつく結論が，判断を間違わせる原因となる。待ち時間と時刻との関係をプロットするなど，もっと注意深い数学的な分析が異なる結論を導くのである。

同様に，文科系のスタンダードも，PBLを用いれば容易に達成されます。次の例は，インディアナ州の10年生の読解のスタンダードNo.2[★69]です。

さまざまな情報を与えてくれる文書の構造や形式を分析し，著者が自分の目的を達成するためにその特徴をどのように利用して文書を作成しているのかを説明する。

例：新聞や雑誌の中で，記事に似せてつくられその記事の周りに配置されている広告を分析する。その広告がなぜこのようにデザインされているか，理由を説明し，その効果を評価する。

このシナリオは，年配の人々をターゲットとする新しい薬の広告キャンペーンを考えるデザイナー・チームの役割を生徒たちに与えることで，容易にPBL

につくり替えることができます。さまざまな広告を作成する過程で，生徒たちは上に挙げたような構造が使われている広告を実際に目にすることになるでしょう。そして自分たちの広告をデザインする際に，そのようなやり方の倫理性について考えなければならなくなるでしょう。

社会科教師に対する米国のスタンダード★88には，小学校の教師に学校の管理構造を調査する活動をとおして，主権，権力，統治を扱うことをすすめる例などが記載されています。以前，幼稚園の教師と一緒に取り組んだ際には，園の落とし物の管理方法を調べて，それがどの程度効果的で合理的で公正かを考えてみるよう園児に働きかけることで，この内容に沿ったPBLの授業を設計することができました。その教師は，園児が持ち物をよくなくすので，年度当初にこの問題に触れることが適当だろうと考えたのですが，この授業をとおして園児たちは自分たちで発見したことを園長に知らせ，園長はそれを受けて落とし物の管理方法を実際に変えたのです。

4. PBLとICT（情報通信技術）について

これまでに述べたスタンダードに加えて，学校は，ICTに関する地域や国のスタンダードにも取り組んでいます（たとえば，学習者のための教育技術スタンダード★70）。PBLは，学習者がICTのスタンダードを達成するのに役立つぴったりの方法です★107。PBLにとってICTの活用は不可欠です。具体的には，ICTは，探究のツールや情報源として，学習者間の協働の支えとして，カリキュラムとして，あるいは評価として使うことができます。図8.1に，その例を示します。

まず第1に，学習者が問題について調査する場面では，インターネットやオンラインで提供されている資料などの情報源がきわめて有益です。たとえば，米国国勢調査局のウェブ・サイト（www.census.gov）*では，全米のすべての郡の人口統計資料にアクセスできます。この情報は，多くのさまざまな問題に重要な役割を果たします。インターネットやオンラインの資料はPBLで探究活動を行う際に，普段本を読まない，あるいは本を読み始めたばかりの学習者や，英語を第二言語とする学習者に視覚的な情報を提供してくれるので，大き

***日本の統計**：総務省統計局　http://www.stat.go.jp/

▼ 図 8.1　PBLとICTのつながり

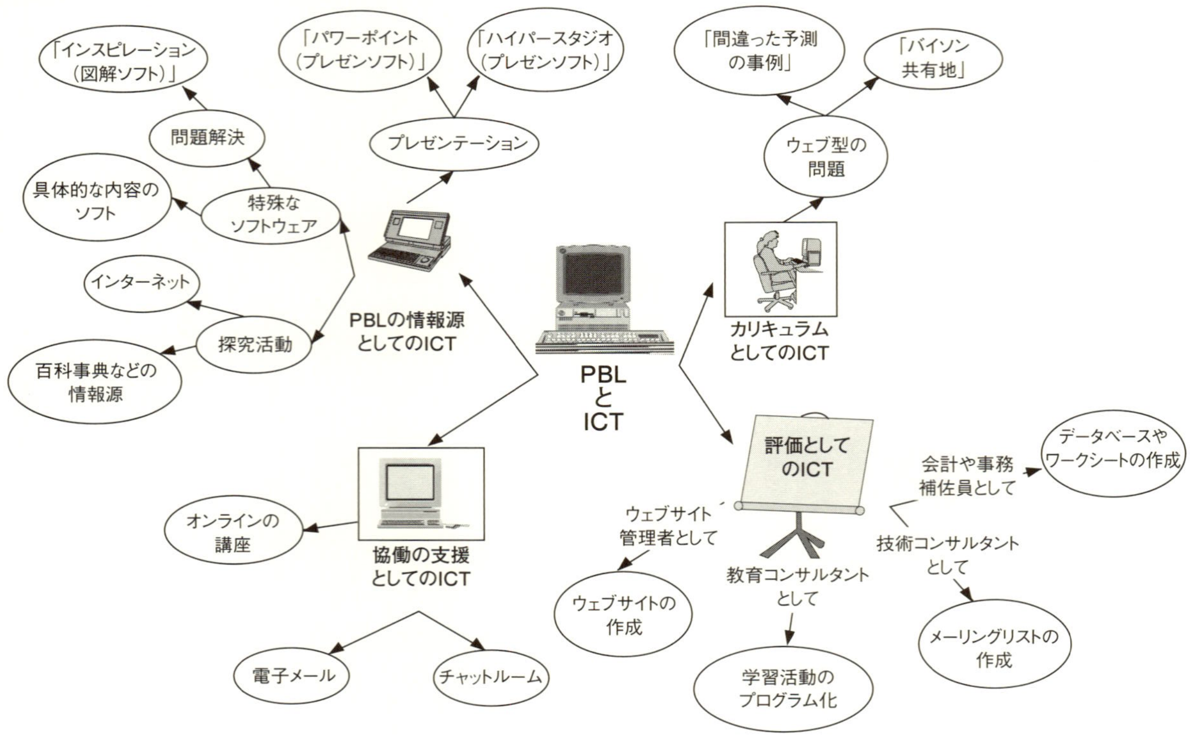

な助けとなります。学習到達度の低い都市部の子どもたちを対象にサクセス・ラボ学習センター★125が行った取り組みでは，調査・情報リテラシーのスキルを身につけることを目的としたPBL活動の核として，子どもたちが関心をもつ話題，たとえばチューインガム，アイスクリーム，スポーツ・イベントの統計，運動能力，地域の有名人，最近のできごとなどに関するウェブ上の本物のデータや解説を活用しました。ステピアンら★120も，特にインターネット上の情報源を取り込んでPBLの単元を数多くつくり出しています。

学習者の問題解決の取り組みに役立つソフトウェアもあります。私たちがよく使うソフトウェアの一つが，インスピレーション（www.inspiration.com）です。本書の図は，このソフトウェアを使って作成されたものです。学習者は，このようなビジュアル・オーガナイザー（図解ソフトウェア）を使うことで，変化し成長する自分たちの理解を図解できますし，一方教師は，学習者が作成する事前・事後の問題の図解を評価対象の一つとして利用することができます。第5章で議論したように，教師は問題を設計する際に可能性の図解をつくりますが，その際にもこのソフトウェアが役に立ちます。特定の教科における重要な知識の習得に特化した（第6章で説明したオオカミの問題で，トンプソン先生が補食関係の動態をモデル化するのに利用した，RAMAS EcoLab［http://www.ramas.com/ecolab.htm］のような）ソフトウェアを，授業の一環として問題解決に利用する場合もあります。学習者が専門家からなる委員会で結果を発表する際に，パワーポイントやハイパースタジオなどのプレゼンテーションソフトウェアを使うこともできます。

第2に，学習者に合ったカリキュラムとして用いることのできるウェブ型の問題も次第に増えつつあります。そのような問題を提供してくれるウェブ・サイトの一つがIMSAのPBLセンター*です。そこでは，ホリスター先生の作った「誤った予測の事例」**をはじめとする，中学生や高校生に適したウェブ型の問題が利用できます。「誤った予測の事例」では，リンカーン大統領が20世紀に向けて人口予測を誤った際のジレンマが生徒たちに与えられます。他に，「バッファローのための共有地問題」**があります。この問題では，大統領委員会のメンバーとなってロールプレイを行い，アメリカ中央平原の土地をバッ

* **PBLセンター**：現在はIMSA（https://www.imsa.edu/）に統合されている。
** **「誤った予測の事例」「バッファローのための共有地問題」**：いずれも現在はウェブ上には存在しない。

ファローのための共有地として使うために，国有化すべきかどうかについて考える，という課題が生徒たちに与えられます。

第3に，ICTをPBL進行中の評価として使うこともできます。たとえばICTコースの学習者に，コンピュータを使った学習プログラムを作成するコース・デザイナーの役割を与えることができます。あるいは，ある話題についての電子メール・サーバー（メーリング・リスト用サーバー）やウェブ・サイトを立ち上げて管理する技術コンサルタントの役割を与えることもできます。このように，授業を担当する教師とICT分野の専門家としての学習者が協力して，学習内容と実際のICT活用の両方を深く考えるような問題に取り組む機会はいくらでもあるのです。

最後に，オンラインのコース・プログラムでは，PBLに必須の協働作業を支援するさまざまな選択肢が提供されています。オンコース（https://oncourse.iu.edu/portal/）*が提供する学習プログラムでは，教師は，時間差があっても議論ができるように小グループ向けのチャットルームを設定できますし，文書やスケジュール，シラバスをオンラインで生徒たちに送信できるようにもなっています。問題解決の活動をおもに教室の外で行うようなグループにとって，このようなオンラインによるグループ活動支援機能は，PBLの活動を進めていくうえで特に役立ちます。インディアナ大学の最近の教育技術コースでは，学生が事前に開発したオンラインコースのツールを活用して，完全にオンラインで，やりがいのあるPBLの単元をやり遂げたのです[★93, 108]。私たちは，このようなプログラムが教師と生徒たちが直接向き合う通常の授業やコーチングに完全に取って代わるとは思っていませんし，そうなるべきだとも思いませんが，このようなプログラムが，教師に対してはオンラインで質問や情報を生徒たちに送る機会を，生徒たちにはグループ内の対話を増やす機会を提供してくれることは間違いないでしょう。

5. PBLの普及を妨げるものは何か

私たちとともにPBLに取り組んでいる多くの教育関係者は，PBLが生徒たちに深い理解を得ようとする動機を高めてくれる，というPBLの重要性を認識し

***オンコース**：2016年夏に廃止され，キャンバスという新しいシステムに移行する予定。

ています。しかしながら,「学習内容をカバーする」というお題目がいまだに多くの分野を支配しているのは，カリキュラム選択が私たちのおもな評価手段，つまりテストに操られているからなのです。また多くの教師は，スケジュールなどの制約がきつく，生徒たちの取り組みを支援したり理解を促す授業を実践したりするために必要な時間をなかなかとることができません。勤務時間内に，PBLに使う問題を新しく設計する時間がとれない，と不満をあらわにする教師もいます。

また教育関係者は，現状を維持しようとする学校の風土の中で，変化を恐れています。自分の授業でPBLを使うことに孤立感を感じている教師もいます。PBLの授業を見学した教師が「ワークシートは使わないの？　テストはどうするの？　生徒は笑っていますよ。彼らは遊んでいますね。調査するんだとかいって走り回っていますよ。いったいこれは何なのですか？」と言っているのを耳にした，と報告する中学教師もいました。

このような障害を認識している教師やグループが，学校内や地域内でPBLを実践するための支援体制をつくり育て上げようと積極的に取り組んでいます。PBLの授業に必要な協力者や情報源として保護者をリストアップしている教師もたくさんいます。他にも，同僚の教師に問題探究活動の際のメンターになってもらい，彼らの知識や専門技術を活用している教師もいます。新しいことや変化は不安に火を付け障害をつくり出しますが，不断の意思疎通と率直さが，可能性を現実のものにするのです。ここに，周囲への伝え方について，いくつかの例を示します★111。

- PBLについて説明し，利害関係者に情報源を提供する（p.150～151を参照)。
- PBLの授業をスタンダードに沿って明確に構成する（p.142～145を参照)。
- 生徒たちが熱心で有能な問題解決者となれるように，生徒たちの発達特性，興味関心，課題に配慮して，問題を注意深く設計する★16。
- 生徒たちが学びの成功体験を得られるよう，初めてPBLに接する生徒たちに適切な支援を行う（第6章，特にp.93～111を参照)。
- PBLの授業のあとで，生徒と保護者が一緒に，生徒たちの学んだことをふりかえる（私たちの知っている教師には，学級新聞や学校新聞を使って，問題そのものや生徒の学んできたことについての情報に加えて，具体的な学びの目標とスタンダードを一緒に含めて生徒や保護者と共有している人もいる)。

・PBLのプロセスの中にできるだけ多くの利害関係者を取り込む(次の項を参照)。

・PBLを実践している教師や学校のネットワークや支援システムを探し出す。

もう一つの重要な構成要素は,PBLに対する支援だけでなく,情報源をとおして提供される支援,適切な情報にたどり着くための支援も含めた管理職からの支援です。多くの校長が,生徒の学びを向上させる新しい取り組みを支援したがっていることを私たちは知っています。

6. 保護者や地域に対して,PBLをどう説明すればよいか

多くの教師にとって,PBLは学生時代に受けた授業の形態とはずいぶん違っています。スタンダードとテストという現在のやり方の中にあって,保護者や地域の人々の中には,今までの伝統的な授業形態から逸れるような教師や学校を問題視する人がいるかもしれません。しかし,保護者,管理職,教育委員会や地域の人々がもっとPBLについて学んだとき,特に生徒たちの取り組みを実際に目にする機会に接したとき,みんながいつもPBLに強く感銘するのを私たちは見てきました。

PBLで生徒たちに与えられる問題のテーマに関して専門知識をもつゲストスピーカーとして,あるいは生徒たちが解決策を発表する場となる検討委員会のメンバーとして,このような利害関係者にPBLの授業に関わってもらうことは,PBLに対する地域の理解や支援を生みだす有効な方法となります。このような機会に接すると,ほとんどの人は,問題に取り組む生徒たちの真剣さ,知識,そしてPBLの哲学全体に強く感銘を受けます。これまで,私たちと一緒にPBLに取り組んできた地域の人々は,幼稚園から大学までのさまざまな教育機関で情報主導型・問題中心型の協働作業を行うことで,いずれは生徒たちが直面するであろう状況に対し心構えを促すことのできるこの種の授業をもっと行うべきである,と確信しています。

PBLをまったく知らない人とPBLを共有するときに役立つ,いくつかの言葉を紹介しましょう。

・PBLは，学校での学びを現実の世界の学びに近づける。
・PBLは，生徒たちに今までの授業と同等の学習内容を提供する。方法が違うだけ。
・PBLは，学習内容を提供するだけでなく，協働，問題解決，プレゼンテーション，専門家との話し合いなど，将来大人になったら実際にすることへの取り組みを促すという付加価値を含んでいる。
・PBLは，問題をより深く掘り進み，問題に魅力を感じるように生徒たちを動機づける。実際，生徒の中には図書館に行ったり，オンラインで調べたりしてより多くの情報を得ようとする者も現れる。
・人生の中でもっとも学んで成長したのはどのような場面だったか，思い返してみよう。それは，過去に実際に直面した問題に関係することが多い。PBLのアプローチは，生徒たちの学びを促す。それは，生徒たちも，あなたがもっとも学んだときのように，問題を解決したくなったり，解決する必要を感じたりするからである。
・PBLでは，生徒たちから「どうしてこれを知る必要があるのか？」というような質問は出ない。答えは明らかだ。彼らは問題を解くために，それを知る必要があるのだから。

今，学校には，PBLに関する情報を地域で共有するのに利用できるさまざまな情報源があります。本書や類似の書籍★42は，詳細な情報を必要としている人々にとって豊かな情報源です。ASCDも，PBLに関する情報の共有に役立つ資料をそろえており★9，その中には，ファシリテーターによるガイド付きのビデオ資料も２本あります*。ビデオ資料としては他に，「PBL：３つの授業実践例」という優れたビデオ資料もあります★34。これは，IMSAのPBLセンターから入手可能です。

7. PBLを実践するためには何が必要か

PBLを実践するには，教育実習や学校現場ではあまり触れることのないコーチングの手法を使うスキルが必要です。教師のスキルアップの一環として，私

* **ASCDのビデオ資料**：現在は，ASCD（www.ascd.org/）に入会することで，さまざまなビデオ資料を購入することができる。

たちはPBLを実践している教師にPBLの授業から日々学んでいることを振り返ってもらい，以下のような結論を得ました。

- **教師が情報提供者からコーチへと役割を変えることは，困難だがやりがいのあることで，そのためには新しいスキルを学ぶことが必要です。**

  自分たちは専門家であるべきである，という考え方をやめるかどうかについて話し合いましたが，生徒たちを管理するという意識や授業の進捗状況の予測しやすさなど，従来の授業のもつ特徴を手放し難いと感じる教師もいました。しかし最終的には多くの教師が，ある中学教師の言葉を借りれば「それらの特徴を手放すべきであるだけでなく，立ち止まって生徒たちを支援すべき」だと理解するようになりました。教師はまた，コーチとしての役割を果たすうえで必要な，生徒の思考を問いかけたり，自分たちの結論をきちんと支持したくなるように働きかけたりする方法を学びました。ある教師の資質向上を担当するコーディネーターは，「私たちは，授業で使う言葉を思考を促す言葉にしぼり込むべきである，ということを学びました」と振り返りました。

- **PBLのシナリオを設計する際には，PBL，カリキュラム，本物の評価についてしっかりとした理解が必要です。**

  問題解決全体をとおして，カリキュラムが達成すべき学習成果を統合し，役に立つスキルの指導と評価を組み込んでいくという作業は，教師にとって，まさにPBLシナリオとの格闘でした。また，問題がどんな内容を提示するのかを考えることは，教科書に書かれた内容を機械的に扱うという姿勢とは正反対に，その教科にとって重要な知識が何なのかを教師に考えさせたのです。評価を考える際に教師は，評価が生徒たちの思考を測定し，学びを制限することなく導くよう，評価の使い方を考えなければなりませんでした。そして，たとえばビジネス・レターを書くというスキルを，今までよりも現実的な方法で教えているのだ，つまり，単にスキルだけを切り離して教えるのではなく，問題をはらんだ状況の中で教えているのだ，と気づきました。

- **PBLという環境での学びは，学習者にとってはわくわくすることであり，教師にとってはやりがいのあることです。**

　学習でやり遂げたことを実際に目にすることで，彼らをより信頼するようになる，ということに教師たちは気づきました。特殊教育を担当しているニコルソン先生は，「子どもたちを制約せず，子どもたちの障害に目を向けるのをやめれば，PBLは身につけるべき学び方を学ぶ機会を彼らに与えてくれることを，私はPBLの経験をとおして確信しました」と述べています。PBLを用いると，学習者は今までとは違ったやり方で，たとえば本など文字で表された資料や電話，インターネットを使って情報を探り出し，本物の問題について自分から学ぼうとするようになります。だから，PBLは，さまざまな学びのスタイルと学びの強みや弱みをもった学習者にとって効果的な動機づけの方法でもある，と教師たちは確信しました。

　PBLを実践する教師が，管理職や同僚の教師からの積極的な支援など，さまざまな形の支援の恩恵を受けていることがわかってきました。ティーム・ティーチングは効果的な支援方法の一つです。校内で他に誰もPBLを実践していないような場合は，PBLを実践している他校の教師とネットワークをつくり，アイディアを共有したり助け合ったりすることが必要になります。PBLセンターはPBLに関するメーリング・リストを運営していますし，PBLの実践に役立つネットワークも構築してきました。このネットワークは，PBLの経験が長い教師が，課題を抱える教師と情報交換を行う，という点で特に重要です★[56]。

　教師が自分でPBLを試み，PBLの体験が学習者にとって確かに有効な学びの手法であることを目にするまでは，PBLに対して，特にコーチとしての役割に対して，必ずしも周囲の教師の積極的な賛同が得られるわけではありません。教師にとっては，自分と同じレベルの教師が設計し実践しているPBLの事例をできるだけたくさん目にすることが，PBLを始めるのに役立ちます。また，私たちは，PBLを学ぶ研修でPBLを使うことが重要であることもわかってきました。つまり，教師が最初にPBLを学習者として体験するのです★[109, 112]。学習者を対象とする場合と同様に，教師に対しても，学びに向けた積極的な働きかけや適切な支援が得られるような協働的な雰囲気が効果的です。(表8.1参照)。

▼ 表8.1　PBLを取り巻く環境：疑問，困難，支援

<table>
<tr><th rowspan="2">PBLに必要な資質を向上させる
基本的な問いかけ</th><th colspan="3">PBLを導入する際の困難と適切な支援のバランス</th></tr>
<tr><th></th><th>困難</th><th>支援</th></tr>
<tr><td rowspan="3">・PBLでコーチ役を務める教師としての私の役割は何だろうか？
・新たに身につけるべきスキルは何だろうか？
・明日を担う市民としての心構えをどうやって学習者にもたせればいいのだろうか？
・最も重要な知識とは何だろうか？
・PBLにおける学習者の学びをどのように評価すればいいのだろうか？
・PBLを他の人に効果的に伝えるにはどのようにすればよいのだろうか？</td><td>状況</td><td>・学校組織内にある考え方の違い
・職場の同僚からの孤立
・実施に向けた学校当局からの支援が不十分
・保護者や地域との希薄な関係</td><td>・適切な情報源
・同僚とのチームづくり
・積極的な学校当局の支援
・地理的な距離や職業的な背景の違いを超えた対話を促す電子ネットワーク</td></tr>
<tr><td>教え</td><td>・複雑な理解を統合すること
・新しい実践方法を採用すること
・新たなコーチとしての役割を担うこと
・基本としている信念を変えること
・関心を調整すること</td><td>・必要なときに適切な情報が得られること
・上下関係のない対話
・経験のある教師によるモデリング
・安心できる環境での練習
・PBLの実践者によるメンタリング</td></tr>
<tr><td>学び</td><td>・スタンダードに合致した本物の学びの場を作り出すこと
・学習内容と学習プロセスを統合すること
・学習者の積極的な学びをコーチし維持すること
・PBLの授業のもつ効果を把握すること</td><td>・学びに対する明確な期待
・実践とメンタリング
・学習者の学びと成長の証拠
・PBL実践者間の上下関係のないネットワーク</td></tr>
</table>

Torp & Sage (1998), p.89. より　

8. 終わりに

PBLを実践している教師にとって，PBLの効果は議論の余地がないほど明確です。彼らは以下のように多くの肯定的な効果を指摘しています。

・従来の学習方法では学習に興味を失っている学習者が，積極的に学習に取り組むようになる。
・学習者が，単に事実に関する質問に答えるのではなく，テーマについて深く語ることができるようになる。
・学習者が，問題を解決するために身につける必要性を感じる事柄について，的をしぼった授業を教師に求めるようになる。
・学習者が，どんなにすばらしい回答よりも深い理解を感じさせる，優れた質問をするようになる。
・学習者が，情報のありかを効率的につきとめ，その価値を判断し，活用する方法を身につける。
・そしてもちろん，学習者がよく学び，学習内容に関するテストでもよい成績をおさめるようになる。

PBLは，都市部や地方で，小学校，中学校，高等学校，大学，専門学校などさまざまな学校の学習者に，気乗りのしない学習者にも熱心な学習者にも，要するに，すべての能力レベルのすべての年齢の学習者を対象に，ほとんどすべての教科で用いられてきました。教師がPBLを用いる動機を強くもっていて，PBLに必要なテクニックを使う経験も十分に積んでいる場合には，PBLは常に学習者，保護者，管理職から高い評価を得てきました。PBLは，手ごたえがあり努力を要する学習内容を学習者に提示し，彼らを引きつけ，その中で彼らは複雑な現実の世界で生きていくうえで不可欠なスキルを身につけるのです。教師にとっては，カリキュラム編成の手法として，あるいは授業の手法として，深い理解が学習の目的である場合はいつでも，時には他の手法と合わせて，PBLが使えるのです。PBLは，21世紀において，すべての教師が各自のレパートリーとしてもつべき極めて効果的な指導法なのです。

文　献

★1　Abbott, J. (1996). A new synthesis for effective learning. *Wingspread Journal, 17*(2), 10-12.

★2　Achilles, C. M., & Hoover, S. P. (1996, August). *Problem-based learning (PBL) as a school-improvement vehicle.* Paper presented at the annual meeting of the National Council of Professors of Educational Administration, Corpus Christi, TX. (ERIC Document Reproduction Service No. ED 401 631)

★3　Albanese, M.A., & Mitchell, S. (1993). Problem-based learning: A review of literature on its outcomes and implementation issues. *Academic Medicine, 68*(1), 52-81.

★4　Alkove, L., & McCarthy, B. (1992). Plain talk: Recognizing positivism and constructivism in practice. *Action in Teacher Education, 14*(2), 9-15.

★5　Allen, D., Dion, L., & White, H. (2000, October). Managing multiple groups: *Peer facilitators as a solution.* Paper presented at the PBL 2000 Conference, Samford University, Birmingham, AL.

★6　Alper, L., Fendel, D., Fraser, S., & Resek, D. (1996). Problem-based mathematics—not just for the college-bound. *Educational Leadership, 53*(8), 18-21.

★7　American Association for the Advancement of Science, Project 2061. (1993). *Benchmarks for science literacy.* New York: Oxford University Press.（本文では，p.117，p.299を引用）

★8　Aspy, D. N., Aspy, C. B., & Quinby, P. M. (1993). What doctors can teach teachers about problem-based learning. *Educational Leadership, 50*(7), 22-24.

★9　Association for Supervision and Curriculum Development. (1997). *Problembased learning series* [Two videotapes]. Alexandria, VA: Author.

★10　Atkinson, B., Brown, J., & Ralls, M. B. (2000, October). *Designing a problembased learning course: Educ 305 Teaching in the middle school.* Paper presented at the PBL 2000 Conference, Samford University, Birmingham, AL.

★11　Barell, J. (1995a). Problem-based learning and crew members of the Santa Maria. In J. Barell (Ed.), *Teaching for thoughtfulness.* White Plains, NY: Longman.（本文では，p.122，p.123，p.131を引用）

★12　Barell, J. (1995b). *Teaching for thoughtfulness: Classroom strategies to enhance intellectual development* (2nd ed.). New York: Longman Publishers. (ERIC Document Reproduction Service No. ED 381 514)

★13　Barell, J. (1998). PBL: *An inquiry approach.* Arlington Heights, IL: IRI/Sky-Light Training and Publishing.

★14　Barrows, H., & Tamblyn, R. (1976). An evaluation of problem-based learning in small groups using a simulated patient. *Journal of Medical Education, 51*(1), 52-54.

★15　Barrows, H. S. (1988). *The tutorial process.* Springfield, IL: Southern Illinois University School of Medicine.

★16　Beane, J. (1993). *A middle school curriculum: From rhetoric to reality.* Westerville, OH: National Middle School Association.

★17　Benoit, B. (1996). PBL and the summer youth jobs program. *The Problem Log, 1*(1), 4.

★18　Bloom, B. S., & Krathwohl, D. R. (1956). *Taxonomy of educational objectives: The classification of educational goals by a committee of college and university examiners. (Handbook I: Cognitive Domain).* New York: Longman & Green.

★19　Bodner, G. (1986). Constructivism: A theory of knowledge. *Journal of Chemical Education, 63*(10), 873-877.

★20 Boix-Mansilla, V., & Gardner, H. (1997). Of kinds of disciplines and kinds of understanding. *Phi Delta Kappan, 78*(5), 381-386.

★21 Boud, D., & Feletti, G. (1991). *The challenge of problem-based learning.* New York: St. Martin's Press.

★22 Brand, S. (Ed.). (1971). *The last whole earth catalog.* (Whole Earth Catalog Series). Menlo Park, CA: Portola Institute, Inc.

★23 Bransford, J. D. (1993, April). *Who ya gonna call? Thoughts about teaching problem solving.* Paper presented at the annual meeting of the American Educational Research Association, Atlanta, GA.

★24 Bredo, E. (1994). Cognitivism, situated cognition and Deweyan pragmatism. In M. S. Katz (Ed.), *Proceedings of the Fiftieth Annual Meeting of the Philosophy of Education Society.* Urbana-Champaign: University of Illinois, Philosophy of Education Society. Available (accessed July 15, 2001): http://w3.ed.uiuc.edu/EPS/PES-Yearbook/ 94_docs/BREDO.htm

★25 Brooks, J. G., & Brooks, M. G. (1993). *In search of understanding: The case for constructivist classrooms* (1st ed.). Alexandria, VA: Association for Supervision and Curriculum Development.

★26 Brooks, J. G., & Brooks, M. G. (1999). *In search of understanding: The case for constructivist classrooms* (2nd ed.). Alexandria, VA: Association for Supervision and Curriculum Development.（本文では，p.35，p.44，p.91，p.120を引用）

★27 Brooks, M. G., & Brooks, J. G. (1999). The courage to be constructivist. *Educational Leadership, 57*(3), 18-24.（本文では，p.22を引用）

★28 Broudy, H. (1982). What knowledge is of most worth? *Educational Leadership, 39*(8), 574-578.（本文では，p.578を引用）

★29 Bybee, R. W. (1997). *Achieving scientific literacy: From purposes to practices.* Portsmouth, NH: Heinemann.

★30 Casey, M., & Tucker, E. (1994). Problem-centered classrooms. *Phi Delta Kappan, 10*(94), 139-143.

★31 Center for Problem-Based Learning. (1996a). *Professional development resource materials.* Aurora, IL: Illinois Mathematics and Science Academy.

★32 Center for Problem-Based Learning. (1996b). Role playing in problem-based learning. [Online article]. Aurora, IL: Illinois Mathematics and Science Academy. Available (accessed July 15, 2001): http://www.imsa.edu/team/cpbl/instruct/Bisonproj/roleplng.html

★33 Center for Problem-Based Learning. (1996c). "Why do mosquitoes buzz in people's ears?" Developed for the Harris Institute. Aurora, IL: Illinois Mathematics and Science Academy.

★34 Center for Problem-Based Learning. (1997). *Problem-based learning: Three classrooms in action* [Videotape]. Aurora, IL: Illinois Mathematics and Science Academy.

★35 Clark, C. M. (1988). Asking the right questions about teacher preparation: Contributions of research on teacher thinking. *Educational Researcher, 17*(2), 5-12.

★36 Clarke, J. (1997). Solving problems. In J. Clarke & R. M. Agne (Eds.), *Interdisciplinary high school teaching.* Boston: Allyn and Bacon.

★37 Cohen, E. G. (1994). *Designing groupwork: Strategies for the heterogeneous classroom* (2nd ed.). New York: Teachers College Press.

★38 Cornbleth, C. (1988). Curriculum in and out of context. *Journal of Curriculum and Supervision, 3*(2), 85-96.

★39 Covey, S. R. (1990). *The 7 habits of highly effective people.* Salt Lake City, UT: Franklin Covey Co.（S・R・コヴィー（著）ジェームス・スキナー，川西　茂（訳）（1996）『7つの習慣―成功には原則があった！―』 キングベアー出版）

★40 Darling-Hammond, L., & Ball, D. L. (1997). *Teaching for high standards: What policymakers need to know and be able to do*. Philadelphia, PA: CPRE Publications/University of Pennsylvania.

★41 Dean, C. D. (2000, October). *So how do we solve this problem? Making PBL work for your students*. Session presented at the PBL 2000 Conference, Samford University, Birmingham, AL.

★42 Delisle, R. (1997). *How to use problem-based learning in the classroom*. Alexandria, VA: Association for Supervision and Curriculum Development.

★43 Dewey, J. (1916). *Democracy and education: An introduction to the philosophy of education*. New York: Macmillan.（J・デューイ（著）松野安男（訳）(1975-1975)『民主主義と教育』岩波文庫, 青（33）-652-3, 33-652-4　上, 下　岩波書店；J・デューイ（著）金丸弘幸（訳）(1984)『西洋の教育思想19　民主主義と教育』玉川大学出版部）

★44 Dewey, J. (1943). *The school and society*. Chicago: University of Chicago Press.（J・デューイ（著）宮原誠一（訳）(2005)『学校と社会』（第63刷改版）岩波文庫；J・デューイ（著）市村尚久（訳）(1998)『学校と社会―子どもとカリキュラム―』（講談社学術文庫）講談社；J・デューイ，G・H・ミード（著）河村　望（訳）(2000)『デューイ=ミード著7　学校と社会―経験と教育―』人間の科学社）

★45 Dewey, J. (1910/1991). *How we think*. Buffalo, NY: Prometheus Books. (Original work published 1910)

★46 Dods, R. (1996). A problem-based learning design for teaching biochemistry. *Journal of Chemical Education, 73*, 225-228.（本文では，p.228を引用）

★47 Doll, W. (1993). Curriculum possibilities in a "post"-future. *Journal of Curriculum and Supervision, 8*(4), 277-292.

★48 Duffy, T. M., & Savery, J. R. (1995, February). *Constructivism: A theory of learning with implications for instruction*. Session presented at the annual meeting of the Association for Educational Communications and Technology, Anaheim, CA.

★49 Eck, J. C., & Mathews, D. G. (2000). A sample of assessment findings related to Samford University's problem-based learning initiative. *PBL Insight, 3*, 3.

★50 Erickson, D. K. (1999). A problem-based approach to mathematics instruction. *Mathematics Teacher, 92*(2), 516-521.

★51 Farr, R. (1993). *How do you know a good one when you see one?* Presentation at the Annual Conference of the Illinois Association for Supervision and Curriculum Development. Bloomington-Normal, IL.

★52 Finkle, S., Briggs, R., Hinton, L., Thompson, J., & Dods, R. (1994). *The summer challenge landfill problem*. Aurora, IL: Illinois Mathematics and Science Academy.

★53 Fogarty, R. (1997). *Problem-based learning and other curriculum models for the multiple intelligences*. Arlington Heights, IL: IRI/SkyLight Training and Publishing.

★54 Fosnot, C. T. (1989). *Enquiring teachers, enquiring learners: A constructivist approach for teaching*. New York: Teachers College Press.

★55 Gallagher, S., Rosenthal, H., & Stepien, W. (1992). The effects of problembased learning on problem solving. *Gifted Child Quarterly, 36*(4), 195-200.

★56 Gibbons, D. (1995). *PBL diffusion: Factors influencing PBL knowledge, teaching values, and level of use*. Unpublished report available from the Illinois Mathematics and Science Academy, Aurora, IL.

★57 Glickman, C. (1991). Pretending not to know what we know. *Educational Leadership, 48*(8), 4-10.

★58 Glickman, C. (2000). The good and bad of standards. *Education Update, 42* (4), 1.

★59 Greenberg, J. (1990). *Problem-solving situations* (Vol. 1). Corvallis, OR: Grapevine Publications.

★60 Harris, K. R., & Graham, S. (1996). Memo to constructivists: Skills count, too. *Educational Leadership, 53*(5), 26-29.

★61 Heathcote, D. (1983). Learning, knowing, and language in drama. *Language Arts, 60*(6), 695-

701.
★62 Heathcote, D., & Herbert, P. (1980). A drama of learning: Mantle of the expert. *Theory into Practice, 24*(3), 173-180.
★63 Hendley, V. (1996, October). Let problems drive the learning. *AESS Prism*, 30-36.
★64 Hewitt, J., & Scardamalia, M. (1996). *Design principles for the support of distributed processes*. Toronto: University of Toronto. Available (accessed July 15, 2001): http://twilight.oise.utoronto.ca/abstracts/distributed
★65 Illinois Problem-Based Learning Network. (1996). *Don't let the smoke get in your eyes*. The Summer Sleuths Program. Aurora, IL: Illinois Mathematics and Science Academy.
★66 Illinois State Board of Education. (1997, Summer). *Illinois learning standards*. Springfield, IL: Author. Available (accessed July 15, 2001): http://www.isbe.state.il.us/ils/standards.html
★67 Illinois State Board of Education and Illinois Mathematics and Science Academy (IMSA). (1998). *Illinois Scientific Literacy Network: Scientific literacy grant coordination*. Aurora, IL: IMSA. Available (accessed July 15, 2001):http://www.imsa.edu/project/isln/
★68 Illinois State Board of Education's Center for Scientific Literacy. (1994). *Scientific literacy program: Request for proposals*. Springfield, IL: Author.
★69 Indiana State Board of Education. (2000, Summer). *Indiana's academic standards: 10th grade reading/language arts*. Indianapolis, IN: Author. Available (accessed July 15, 2001): http://ideanet.doe.state.in.us/standards/grade09-12_eng.html（本文では，p.2を引用）
★70 International Society for Technology in Education (ISTE). (2000). *National educational technology standards for students—connecting curriculum and technology*. Eugene, OR: Author.
★71 Kagan, S. (1994). *Cooperative learning*. San Clemente, CA: Kagan. Kanstoroom, M., & Finn, C. E., Jr. (Eds). (1999). Better teachers, better schools. Washington, DC: The Thomas B. Fordham Foundation.
★72 Kanstoroom, M., & Finn, C. E., Jr.(Eds). (1999). *Better teachers, better schools*. Washington, DC: The Thomas B. Fordham Foundation.
★73 Keller, G. (2000, October). *Problem-based learning in a scientific methods course for non-majors*. Paper presented at the PBL 2000 Conference, Samford University, Birmingham, AL.
★74 Kitchener, K. S. (1983). Cognition, metacognition, and epistemic cognition: A three-level model of cognitive processing. *Human Development, 26*(4), 222-232.
★75 Kochanowski, P., Sage, S. M., & Shafii-Mousavi, M. (2000, October). *Projectbased learning in mathematics in action: Learning perspectives*. Paper presented at the PBL 2000 Conference, Samford University, Birmingham, AL.
★76 Kohn, A. (2000). *The case against standardized testing: Raising the scores, ruining the schools*. Portsmouth, NH: Heinemann.
★77 Krathwohl, D. R., Bloom, B. S., & Masia, B. B. (1964). *Taxonomy of educational objectives: The classification of educational goals (Handbook II: Affective Domain)*. New York: David McKay Co.
★78 Krynock, K. B., & Robb, L. (1996). Is problem-based learning a problem for your curriculum? *Illinois School Research and Development Journal, 33*(1), 21-24.
★79 Krynock, K. B., & Robb, L. (1999). Problem solved: How to coach cognition. *Educational Leadership, 57*(3), 29-32.
★80 Lave, J., & Wenger, E. (1991). *Situated learning: Legitimate peripheral participation*. Cambridge, UK: Cambridge University Press.（J・レイヴ，E・ウェンガー（著）佐伯胖（訳）（1993）『状況に埋め込まれた学習—正統的周辺参加—』 産業図書）
★81 Lederman, L. (1994). Give a small child a hammer and soon everything needs hammering. *Simulation and Gaming, 25*(2), 215-221.
★82 Lipman, M. (1988). Critical thinking—What can it be? *Educational Leadership, 46*(1), 38-43.

★83 Lipman, M. (1991). *Thinking in education*. New York: Cambridge University Press.（本文では，p.68を引用）

★84 Mawhorr, S. (1996, December 20). Glendale Heights students, trustees discuss dance club. Glen Ellyn (IL) *Daily Herald*, p.4.

★85 McTighe, J. (1996, September). *Toward more thoughtful assessment: Principles and practices.* Session at Illinois Association for Supervision and Curriculum Development Research Conference, Naperville, IL.

★86 Musial, D. (1996). Designing assessments in a problem-based learning context. *The Problem Log, 1*(2), 4-5.

★87 Musial, D., & Hammerman, L. (1997). *Framing ways of knowing in problembased learning.* Unpublished manuscript.（本文では，p.6を引用）

★88 National Council for the Social Studies. (1997). *National standards for social studies teachers.* Waldorf, MD: Author.

★89 National Council of Teachers of Mathematics (NCTM). (2000). *Principles and standards for school mathematics.* Reston, VA: Author.（本文では，p.52を引用）

★90 National Research Council. (1996). *National science education standards.* Washington, DC: National Academy Press.（本文では，p.32を引用）

★91 Newmann, F. (1990). Higher-order thinking in social studies: A rationale for the assessment of classroom thoughtfulness. *Journal of Curriculum Studies, 22*(1), 41-56.

★92 Norris, S. P. (1985). Synthesis of research on critical thinking. *Educational Leadership, 42*(5), 40-45.

★93 Orrill, C. H. (2000, April). *Designing a PBL experience for online delivery in a sixweek course.* Paper presented at the annual meeting of the American Educational Research Association, New Orleans, LA.

★94 Perkins, D. (1992). *Smart schools: From training memories to educating minds.* New York: The Free Press.（本文では，p.30を引用）

★95 Perkins, D. (1993a). Teaching for understanding. *American Educator, 17*(3), 8.

★96 Perkins, D. (1993b). *An apple for education: Teaching and learning for understanding.* Presentation at the Educational Press Association (EdPress) Conference, Philadelphia, PA.

★97 Perkins, D. (1999). The many faces of constructivism. *Educational Leadership, 57*(3), 6-11.

★98 Piaget, J. (1975/1985). *The equilibration of cognitive structures* (T. Brown & K. J. Thampy, Trans.). Chicago: University of Chicago Press. (Original work published 1975)

★99 Pierce, J., & Jones, B. F. (1998). *Problem-based learning: Learning and teaching in the context of problems.* (Contextual Teaching and Learning Project). Washington, DC: U.S. Department of Education and the National School-to-Work Office. Available (accessed July 15, 2001): http://contextual.org/docs/5-PIER1.pdf

★100 Pohl, L. (1996, December 30). Village may open dance club for teens. *Chicago Tribune*, p.3.

★101 Pohl, L. (1997, January 15). Class tackles tough issues with critical thinking. Glen Ellyn (IL) *Daily Herald*, sec. 5, p.1.

★102 Qin, Z., Johnson, D. W., & Johnson, R. T. (1995). Cooperative versus competitive efforts and problem solving. *Review of Educational Research, 65*(2), 129-143.

★103 Reigeluth, C. M. (1994). The imperative for systemic change. In C. M. Reigeluth & R. J. Garfinkle (Eds.), *Systemic change in education.* Englewood Cliffs, NJ: Educational Technology Publications.

★104 Resnick, L., & Nolan, K. (1995). Where in the world are world-class standards? *Educational Leadership, 52*(6), 6-11.

★105 Riddings-Nowakowski, J. (November, 1981). *An interview with Ralph Tyler.* Occasional Paper #13. Kalamazoo: Western Michigan University.

★106 Rorty, R. (1991). *Objectivity, relativism, and truth: Philosophical papers* (Vol. 1). Cambridge:

Cambridge University Press.

★107 Sage, S. M. (2000a). A natural fit: Problem-based learning and technology standards. *Learning and Leading with Technology, 28*(1), 6-12.

★108 Sage, S. M. (2000b, April). *The learning and teaching experiences in an online problem-based learning course.* Paper presented at the annual meeting of the American Educational Research Association, New Orleans, LA.

★109 Sage, S. M. (2001). Using problem-based learning to teach problem-based learning. In B. Levin (Ed.), *Energizing teacher education and professional development with problem-based learning.* Alexandria, VA: Association for Supervision and Curriculum Development.

★110 Sage, S. M., Kochanowski, P., & Shafii-Mousavi, M. (2001). *Project-based learning in undergraduate mathematics: Learning perspectives.* Manuscript submitted for publication.

★111 Sage, S. M., Krynock, K. L., & Robb, L. (2000). Is there anything but a problem? A case study of problem-based learning as middle school curriculum integration. *Research in Middle Level Education Annual, 23*, 149-179.

★112 Sage, S. M., & Torp, L. P. (1997). What does it take to become a teacher of problem-based learning? *Journal of Staff Development, 18*(4), 32-36.

★113 Savery, J. R., & Duffy, T. M. (1995). Problem-based learning: An instructional model and its constructivist framework. *Educational Technology, 35*(5), 31-35.

★114 Scardamalia, M., & Bereiter, C. (1991). Higher levels of agency for children in knowledge-building: A challenge for design of new knowledge media. *The Journal of Learning Sciences, 1*(1), 38-68.

★115 Schmoker, M., & Marzano, R. (1999). Realizing the promise of standards-based education. *Educational Leadership, 56*(6), 17-21.

★116 Shafii-Mousavi, M., & Kochanowski, P. (1999, July). *Mathematics in action: Social and industrial problems.* Session presented at the Mathematics Throughout the Curriculum Conference, Bloomington, IN.

★117 Simmons, R. (1994). The horse before the cart: Assessing for understanding. *Educational Leadership, 51*(5), 22-23.（本文では，p.22を引用）

★118 Sobol, T. (1997). Beyond standards: The rest of the agenda. *Teachers College Record, 98*(4), 629-637.

★119 Stepien, W., & Gallagher, S. (1993). Problem-based learning: As authentic as it gets. *Educational Leadership, 50*(7), 25-28.

★120 Stepien, W. J., Senn, P., & Stepien, W. C. (2000). *The Internet and problembased learning: Developing solutions through the Web.* Tucson, AZ: Zephyr Press.

★121 Swink, D. (1993). Role playing your way to learning. *Training and Development, 47*(5), 91-97.

★122 Sylwester, R. (1995). *A celebration of neurons: An educator's guide to the human brain.* Alexandria, VA: Association for Supervision and Curriculum Development.（本文では，p.72，p.75，p.119を引用）

★123 Tanner, C. K., Galis, S. A., & Pajak, E. (1997). Problem-based learning in advanced preparation of educational leaders. *Educational Planning, 10*(3), 3-12.

★124 Torp, L. T. (1996). *Planning a problem-based learning adventure.* Naperville, IL: Possibilities, Inc.

★125 Torp, L. T. (2000). *Success Lab Learning Centers quality assurance program.* Chicago, IL: Success Lab, Inc.

★126 Torp, L., & Sage, S. (1998). *Problems as possibilities: Problem-based learning for K-12 education* (1st ed.). Alexandria, VA: Association for Supervision and Curriculum Development.

★127 Trevitt, A. C. F., & Pettigrove, M. (1995, February). *Toward autonomous criterion-referenced assessment and self-assessment: A case study.* Invited keynote paper at 2nd European Electronic Conference on Assessment and Evaluation: Recent and Future Developments.

European Association for Research into Learning and Instruction, SIG Assessment & Evaluation (EARLI-AE) List. Administered via: listserv@nic.surfnet.nl.

★128 Tyler, R. W. (1949). *Basic principles of curriculum and instruction*. Chicago: University of Chicago Press.

★129 U.S. Department of Labor. (1991). *What work requires of schools: A SCANS report for America 2000*. Washington, DC: U.S. Government Printing Office.

★130 Ulmer, M. B. (1999). Revolution or evolution in mathematics education? The USCS experience. *PBL Insight, 2*(3), 1, 4-5.

★131 Vernon, D., & Blake, R. (1993). Does problem-based learning work? A metaanalysis of evaluative research. *Academic Medicine, 7*, 550-563.

★132 Vitale-Ortlund, C. (1994). *Harris Institute for introduction to problem-based learning design products*. Aurora, IL: Illinois Mathematics and Science Academy.

★133 von Glasersfeld, E. (1989). Cognition, construction of knowledge, and teaching. *Synthese, 80*, 121-140.

★134 von Glasersfeld, E. (1993, April). *Radical constructivism: Teaching vs. training*. Paper presented at the annual meeting of the American Educational Research Association, Atlanta, GA.

★135 Wagner, B. (1988). Research currents: Does classroom drama affect the arts of language? *Language Arts, 65*(1), 46-55.

★136 Wiggins, G., & Jacobs, H. (1995, November). *Toward student understanding: Designing coherent curriculum, assessment, and instruction*. Restructuring Your School: Integrated/Thematic Curriculum and Performance Assessment Conference, National School Conference Institute, St. Louis, MO.

★137 Wiggins, G., & McTighe, J. (1998). *Understanding by design*. Alexandria, VA: Association for Supervision and Curriculum Development.（G・ウィギンズ，J・マクタイ（著）西岡加名恵（訳）(2012)『理解をもたらすカリキュラム設計―「逆向き設計」の理論と方法―』日本標準）

★138 Willems, J. (1981). Problem-based group teaching: A cognitive science approach to using knowledge. *Instructional Science, 10*(1), 5-21.

★139 Witherell, C., & Noddings, N. (1991). *Stories lives tell: Narrative and dialogue in education*. New York: Teachers College Press.

★140 Wolf, C., McIlvain, L., & Stockburger, M. (1992). Getting our students to think through simulations. *Contemporary Education, 63*(3), 219-220.

索　引

【著者紹介】

リンダ・トープ（Linda Torp）

シカゴにあるサクセス・ラボ社の教育担当主任であり，オーロラにあるIMSAにおける学習計画・研究・評価部門の前代表であり，ASCDのPBLネットワークであるPBLネットのファシリテーターでもある。

トープはPBLセンターの代表を務め，長年に渡りPBLや統合カリキュラム，基礎学力の領域において教師の資質向上に取り組んできた。彼女の教育者あるいはコンサルタントとしての学校現場での取り組みは，小学校から大学院にまで及ぶ。

サラ・セージ（Sara Sage）

サウス・ベンドにあるインディアナ大学の中等教育の助教であり，特別支援教育に携わる傍ら，教師の教育にも携わってきた。PBLに関する調査研究の中心となり，PBLセンターのみならず国際的に数多くの教師とともに研究に取り組んでいる。また，K-12と教員研修を目的としたPBLに関する本を数冊著している。彼女の関心は，PBLの他に，教師の資質向上，人間の発達と学び，構成主義的な教えと学びのモデルなどにも向けられている。

【訳者紹介】

伊藤　通子（いとう　みちこ）

2010年　放送大学大学院 文化科学研究科 教育開発プログラム修了　修士（学術）
現　在　東京都市大学環境学部客員研究員
特定非営利活動法人持続可能な開発のための教育推進会議（ESD-J）事務局長

1979～2014年まで富山高等専門学校（富山工業高等専門学校）勤務。退職時は技術専門員，技術室・教育技術センターで授業デザインや教育プログラム開発に従事。在職中に放送大学大学院文化科学研究科教育開発プログラムにて修士（学術）取得。退職後，東京大学大学院新領域創成科学研究科の特任研究員を経て，現在，東京都市大学環境学部客員研究員，特定非営利活動法人持続可能な発展のための教育推進会議（ESD-J）事務局長。学校が地域社会に根差すことで個人と社会が連関して変容していくようなESDをPBLで展開する研究・実践に取り組んでいる。

定村　誠（じょうむら　まこと）

1985年　名古屋大学大学院理学研究科博士前期課程修了（理学修士）
現　在　富山大学地域連携推進機構特命助教
とやま国際理解教育研究会代表

1985年に名古屋大学大学院理学研究科博士前期課程を修了後，富山に戻り高校教員となり，1987年に青年海外協力隊に参加。帰国後は教員に復帰し，1966年のとやま国際理解教育研究会設立に加わった。2008年には「まなび塾」を設立し小学生対象の「手づくり夏休み」を実施している。高校教員は2006年に早期退職し，富山高等専門学校勤務を経て，現在は富山大学に勤務（特命助教），富山国際大学の非常勤講師も務めるかたわら，先祖から受け継いだ稲作（小規模）にも取り組んでいる。

吉田　新一郎（よしだ　しんいちろう）
1976年　マサチューセッツ工科大学（都市・地域計画）卒業
現　在　ラーンズケイプ／プロジェクト・ワークショップ代表

1970年代に，マサチューセッツ工科大学とカリフォルニア大学（UCLA）大学院で都市・地域計画を学ぶ。10年間の準備期間を経て，1989年に国際理解教育センターを設立し教育に関わりはじめる。2005年以降は，リーディング・ワークショップ（RW）やライティング・ワークショップ（WW），およびそれらの国際以外の教科への普及活動をしている。趣味（こだわり）は，嫌がられない程度の（ありがたがられる！）おせっかいと，日曜日の農作業と，三つのブログ／フェイスブック（「PLC便り」「WW/RW便り」「ギヴァーの会」）。

PBL　学びの可能性をひらく授業づくり
―日常生活の問題から確かな学力を育成する―

2017年9月10日　初版第1刷印刷
2017年9月20日　初版第1刷発行

定価はカバーに表示してあります。

著　者　L.トープ
　　　　S.セージ
訳　者　伊藤通子
　　　　定村誠
　　　　吉田新一郎
発行所　(株)北大路書房
〒603-8303　京都市北区紫野十二坊町12-8
電　話　(075) 431-0361(代)
FAX　(075) 431-9393
振　替　01050-4-2083

DTP制作／ラインアート日向・華洲屋　印刷・製本／(株)太洋社

ISBN978-4-7628-2992-5　Printed in Japan